EXPRESSÕES DO SAGRADO NA HUMANIDADE

7º ANO

PROFESSOR

MARIA INÊS CARNIATO

EXPRESSÕES DO SAGRADO NA HUMANIDADE

7º ANO
PROFESSOR

EDIÇÃO REVISTA E AMPLIADA

Paulinas

Dados Internacionais de Catalogação na Publicação (CIP)
(Câmara Brasileira do Livro, SP, Brasil)

Carniato, Maria Inês
Expressões do sagrado na humanidade : 7º ano, professor / Maria Inês Carniato. Ed. rev. e ampl. – São Paulo : Paulinas, 2010. – (Coleção ensino religioso fundamental)

ISBN 978-85-356-2476-2

1. Educação religiosa (Ensino fundamental) I. Título. II. Série.

09-13404 CDD-372.84

Índice para catálogo sistemático:
1. Educação religiosa : Ensino fundamental 372.84

1ª edição – 2010
2ª reimpressão – 2019

Direção-geral: Flávia Reginatto
Editora responsável: Luzia M. de Oliveira Sena
Assistente de edição: Andréia Schweitzer
Copidesque: Maria Goretti de Oliveira
Coordenação de revisão: Marina Mendonça
Revisão: Ruth Mitzuie Kluska
Direção de arte: Irma Cipriani
Gerente de produção: Felício Calegaro Neto
Projeto gráfico: Telma Custódio

Créditos das imagens

© Paulinas Editora
capa: Maria Inês Carniato; pp. 14, 15, 20, 31, 43, 46e, 65: Arquivo Paulinas;
p. 23: Douglas Mansur; p. 30: Libico Maraja; p. 36: Revista *Jesus*;
p. 45: Piero Cattaneo; p. 49: Giulia Re; p. 51: Tony Wolf;

© Família Cristã
p. 61: Arquivo Família Cristã; p. 63: Famiglia Cristiana Italia

© Editora Mundo e Missão
pp. 17, 25, 27, 33, 38, 46d, 53, 55, 56

© Stock.XCHNG
pp. 13, 19, 22, 29, 41, 42, 48, 59, 60

Paulinas
Rua Dona Inácia Uchoa, 62
04110-020 – São Paulo – SP (Brasil)
Tel.: (11) 2125-3500
http://www.paulinas.com.br – editora@paulinas.com.br
Telemarketing e SAC: 0800-7010081

Convite a quem ama a educação

Você, professora/professor, que dedica suas energias, conhecimentos e tempo à grandiosa profissão de educar, com certeza deseja o melhor para seus alunos.

A escola forma o ser humano como cidadão consciente, crítico, participante e responsável, mas também como pessoa única, situada no mistério da abertura à transcendência, que se manifesta nos sinais do sagrado presentes na diversidade cultural e religiosa.

O componente curricular Ensino Religioso não é proposta de fé, mas, sim, conhecimento e apropriação de novos saberes acerca de dados reais presentes na sociedade. Proporciona a queda de preconceitos, temores e rivalidades e a convivência ética, respeitosa e solidária com as variadas diferenças que compõem a diversidade religiosa, étnica e cultural da população brasileira e da humanidade.

Cabe a você comunicar aos alunos e a seus familiares a confiança na escola e a certeza de que o Ensino Religioso, longe de excluir ou desprezar qualquer experiência ou pertença religiosa, valoriza os diferentes conhecimentos, vivências e modos de crer, presentes na sala de aula, na escola e na sociedade.

Educar para a compreensão do Fenômeno Religioso como aspecto positivo da cultura humana e cultivar na escola a convivência com a diversidade é um dos principais objetivos do Ensino Religioso. Por isso, o livro do 7º ano, *Expressões do sagrado na humanidade*, desvela o papel dos símbolos universais da linguagem humana religiosa e sugere atividades de observação, pesquisas, entrevistas, debates, reflexões, produção de textos e representações artísticas que orientem o pré-adolescente no exercício de ver, refletir, elaborar e socializar conhecimentos, e definir conclusões significativas para a vida pessoal e coletiva.

Parabéns por sua coragem de apostar na eficácia transformadora do Ensino Religioso. Auguramos que este livro venha ao encontro de suas expectativas didáticas e pedagógicas e contribua para fazer de sua sala de aula uma célula do mundo de igualdade e paz com o qual todos sonhamos.

A você, um abraço de Paulinas Editora e da autora deste livro.

Ensino Religioso
Componente curricular do Ensino Fundamental

A escola é espaço de pesquisa, construção de conhecimento, apropriação do legado cultural da humanidade e reflexão sobre a vida atual, em vista da educação integral e cidadã.

O Ensino Religioso, componente curricular do Ensino Fundamental, afirma-se nas Ciências da Religião, uma nova área acadêmica adotada em universidades do mundo inteiro, nos últimos 100 anos.

As Ciências da Religião têm por objetivo o estudo sistemático da religião, ou seja, das expressões culturais da religiosidade humana, em todas as suas dimensões, formas, conteúdos, práticas, significações. Por isso, a sua estrutura é multidisciplinar. Diferentes disciplinas, como Sociologia, Antropologia, História, Geografia, Filosofia, Psicologia, dentre outras, auxiliam na abordagem e compreensão desse fenômeno universal, presente nas diferentes culturas, desde os primórdios da humanidade.

O objeto de estudo da disciplina Ensino Religioso é o Fenômeno Religioso, isto é, os sinais e as expressões da religiosidade humana na cultura e na sociedade. Edgar Morin, professor da Universidade de Paris, no livro *Os sete saberes necessários para a educação do futuro*, escrito a pedido da UNESCO (Organização das Nações Unidas para a Educação, a Ciência e a Cultura), sobre os paradigmas da educação para o Terceiro Milênio, assim diz: "O saber científico sobre o qual este texto se apoia para situar a condição humana não só é provisório, mas também desemboca em profundos mistérios referentes ao Universo, à Vida, ao nascimento do ser humano. Aqui, intervêm opções filosóficas e crenças religiosas através de culturas e civilizações" (p. 13).

O Ensino Religioso como parte da educação cidadã, visa desenvolver as duas dimensões propostas pelo professor Morin: por um lado, o saber que resulta do rigor científico e, por outro, a humanização e a superação de preconceitos e rivalidades derivados da ignorância ante a diversidade de gênero, cultura, religião ou etnia.

EXIGÊNCIA CULTURAL DA SOCIEDADE

A UNESCO há muitos anos incentiva os povos a uma convivência internacional justificada pelos Direitos Fundamentais do Ser Humano, dentre os quais o direito de crença e de culto.

Diz a *Convenção Relativa à Luta contra a Discriminação no Campo do Ensino*, de 1960: "A educação deve visar ao pleno desenvolvimento da personalidade humana e ao fortalecimento do respeito aos direitos humanos e das liberdades fundamentais, o que deve favorecer a compreensão, a tolerância e a amizade entre todas as nações e todos os grupos raciais ou religiosos, assim como o desenvolvimento das atividades nas Nações Unidas para a manutenção da paz. Deve ser respeitada a liberdade dos pais ou, quando for o caso, dos tutores legais de assegurar, conforme as modalidades de aplicações próprias da legislação de cada Estado, a educação religiosa e moral dos filhos, de acordo com suas próprias convicções; outrossim, nenhuma pessoa ou nenhum grupo poderá ser obrigado a receber instrução religiosa incompatível com suas convicções" (art. 5º).

A *Declaração sobre a Raça e os Preconceitos Raciais*, de 1978, diz: "A identidade de origem não afeta de modo algum a faculdade que possuem os seres humanos de viver diferentemente, nem as diferenças fundadas na diversidade das culturas, do meio ambiente e da história, nem o direito de conservar a identidade cultural" (art. 1º).

A *Declaração sobre a Diversidade Cultural*, de 2001, confirma em sua introdução: "A UNESCO, reafirmando sua adesão à plena realização dos direitos humanos e das liberdades fundamentais proclamadas pela *Declaração Universal dos Direitos Humanos*; [...] Reafirmando que a cultura deve ser considerada como o conjunto de traços distintivos espirituais e materiais, intelectuais e afetivos que caracterizam uma sociedade ou um grupo social, e que abrange, além das artes e das letras, os modos de vida, as formas de convivência, os sistemas de valores, as tradições e as crenças. [...] Aspirando a uma maior solidariedade baseada no reconhecimento da diversidade cultural, na conscientização da unidade do Gênero Humano e no desenvolvimento de intercâmbios culturais, proclama: [...] A diversidade cultural amplia as possibilidades de escolha que se oferecem a todos; é uma das fontes do desenvolvimento, entendido não somente em termos de crescimento econômico, mas também como meio de acesso a uma existência intelectual, afetiva, moral e espiritual satisfatória" (art. 3º).

A *Convenção para a Salvaguarda do Patrimônio Cultural Imaterial*, de 2003, acrescenta: "O patrimônio cultural imaterial [...] manifesta-se em particular nos seguintes campos: tradições e expressões orais, incluindo o idioma como veículo do patrimônio cultural imaterial; expressões artísticas; práticas sociais, rituais e atos festivos; conhecimentos e práticas relacionados à natureza e ao universo; técnicas artesanais tradicionais. Entende-se por 'salvaguarda' as medidas que visam garantir a viabilidade do patrimônio cultural imaterial, tais como a identificação, a documentação, a investigação, a preservação, a proteção, a promoção, a valorização, a transmissão – essencialmente por meio da educação formal e não formal – e revitalização deste patrimônio em seus diversos aspectos (arts. 2º e 3º).

Acesso aos textos integrais da UNESCO: <www.brasilia.unesco.org./publicacoes/docinternacionais/doccultura>.

DIVERSIDADE E DIREITOS HUMANOS NO BRASIL

O Estado brasileiro, por meio da Secretaria Especial de Direitos Humanos, vem pondo em prática os compromissos assumidos como Estado membro da UNESCO.

A *Constituição Federal* de 1988 assim diz: "É inviolável a liberdade de consciência e de crença, sendo assegurado o livre exercício dos cultos religiosos e garantida, na forma da lei, a proteção aos locais de culto e a suas liturgias" (art. 5º, inciso VI).

A Cartilha *Diversidade Religiosa e Direitos Humanos*, de 2005, complementa: "O Estado brasileiro é laico. Isso significa que ele não deve ter, e não tem religião. Tem, sim, o dever de garantir a liberdade religiosa [...] um dos direitos fundamentais da humanidade, como afirma a Declaração Universal dos Direitos Humanos. [...] A pluralidade, construída por várias raças, culturas, religiões, permite que todos sejam iguais, cada um com suas diferenças. É o que faz do Brasil, Brasil. Certamente, deveríamos, pela diversidade de nossa origem, pela convivência entre os diferentes, servir de exemplo para o mundo" (Apresentação).

Acesso à Cartilha: <www.presidencia.gov.br/estrutura_presidenciasedh/.arquivos/cartilhadiversidadereligiosaportugues.pdf>.

O ENSINO RELIGIOSO NO ÂMBITO DA EDUCAÇÃO NACIONAL

A *Constituição Federal* de 1988 assim define o Ensino Religioso: "Serão fixados conteúdos mínimos para o Ensino Fundamental, de maneira a assegurar formação básica comum e respeito aos valores culturais e artísticos, nacionais e regionais. § 1º – O Ensino Religioso, de matrícula facultativa, constituirá disciplina dos horários normais das escolas públicas de Ensino Fundamental" (cf. art. 110).

O art. 33 da *Lei de Diretrizes e Bases da Educação Nacional* de 1996, redigido pela segunda vez pela Lei n. 9475, em 1997, esclarece: "O Ensino Religioso, de matrícula facultativa, é parte integrante da formação básica do cidadão e constitui disciplina dos horários normais das escolas públicas de Ensino Fundamental, assegurado o respeito à diversidade cultural religiosa do Brasil, vedadas quaisquer formas de proselitismo".

A Câmara de Educação Básica do Conselho Nacional de Educação, na Resolução n. 7, de 14 de dezembro de 2010, ao fixar as *Diretrizes Curriculares Nacionais para o Ensino Fundamental de 9 (nove) anos*, afirma:

"Art. 14. O currículo da base nacional comum do Ensino Fundamental deve abranger, obrigatoriamente, conforme o art. 26 da Lei n. 9.394/96, o estudo da Língua Portuguesa e da Matemática, o conhecimento do mundo físico e natural e da realidade social e política, especialmente a do Brasil, bem como o ensino da Arte, a Educação Física e o Ensino Religioso.

Art. 15. Os componentes curriculares obrigatórios do Ensino Fundamental serão assim organizados em relação às áreas de conhecimento:

I – Linguagens: a) Língua Portuguesa; b) Língua Materna, para populações indígenas; c) Língua Estrangeira moderna; d) Arte; e) Educação Física; II – Matemática; III – Ciências da Natureza; IV – Ciências Humanas: a) História; b) Geografia; V – Ensino Religioso.

Art. 21. No projeto político-pedagógico do Ensino Fundamental e no regimento escolar, o aluno, centro do planejamento curricular, será considerado como sujeito que atribui sentidos à natureza e à sociedade nas práticas sociais que vivencia, produzindo cultura e construindo sua identidade pessoal e social.

Parágrafo único. Como sujeito de direitos, o aluno tomará parte ativa na discussão e na implementação das normas que regem as formas de relacionamento na escola, fornecerá indicações relevantes a respeito do que deve ser trabalhado no currículo e será incentivado a participar das organizações estudantis.

Art. 22. O trabalho educativo no Ensino Fundamental deve empenhar-se na promoção de uma cultura escolar acolhedora e respeitosa, que reconheça e valorize as experiências dos alunos atendendo as suas diferenças e necessidades específicas, de modo a contribuir para efetivar a inclusão escolar e o direito de todos à educação."

CONTEÚDOS DO ENSINO RELIGIOSO

No âmbito das matrizes histórico-culturais brasileiras, o objeto de estudo do Ensino Religioso é o Fenômeno Religioso enquanto Patrimônio Imaterial do povo brasileiro.

De forma pedagógica, pode-se organizar a diversidade de informações e de possíveis abordagens do conteúdo em cinco eixos temáticos, partindo-se do visível, isto é, do conhecimento ao qual os estudantes têm acesso fora da escola, por meio da cultura, da comunicação, da observação do meio ambiente ou da experiência familiar:

- **Ritos, festas, locais sagrados, símbolos** – centros religiosos, templos, igrejas, sinagogas, mesquitas, terreiros, casas de reza; cerimônias, oferendas, cultos, liturgias, rituais etc.
- **Tradições religiosas** – indígenas, africanas e afro-brasileiras, Judaísmo, Xintoísmo, Hinduísmo, Budismo, Islamismo, Fé Bahá'í, Protestantismo, Catolicismo, Pentecostalismo, novos movimentos religiosos ecléticos e sincréticos, religião cigana e outras.
- **Teologias das tradições religiosas** – diferentes nomes e atributos do ser transcendente, diferenças e semelhanças doutrinais entre as tradições religiosas; mitos de origem; crenças na imortalidade: ancestralidade, reencarnação, ressurreição.
- **Textos sagrados** – orais: mitos e cosmovisões das tradições indígenas, ciganas, africanas; escritos: livros sagrados das antigas civilizações e das tradições religiosas atuais.
- ***Ethos* dos povos e das culturas** – costumes e valores dos povos e de suas religiões.

TRATAMENTO PEDAGÓGICO DO ENSINO RELIGIOSO

O Ensino Religioso é essencialmente interdisciplinar. Requer atividades interativas que proporcionem não só pesquisa rigorosa, reelaboração de dados, produção de formas literárias e artísticas do conhecimento adquirido e reflexão, como também experiências significativas na educação integral, pois nenhuma disciplina como o Ensino Religioso lida com as questões humanas universais.

Estas, por sua vez, refletidas e dialogadas, podem iluminar questões particulares e coletivas e se transformar em construção da sabedoria de vida, que leva à cidadania e ao protagonismo na humanização e na transformação da sociedade.

Atividades sugeridas neste livro

O livro terá sugestões de atividades para cada aula. Algumas podem ser estendidas por duas ou três aulas consecutivas, conforme o desempenho e o interesse da turma. Outras podem dar origem a projetos de duração maior. Este é o motivo de haver apenas 17 aulas para serem desenvolvidas ao longo do ano.

De modo geral, cada aula terá uma ou mais sugestões de atividades de reflexão e construção de conhecimento a partir dos textos do próprio livro.

O item *Grande Lance*, que aparece no fim de cada aula, é sempre opcional. Além dele, há outras sugestões de atividades opcionais, que podem ser aplicadas a qualquer aula em momentos oportunos, conforme o interesse da turma.

Diálogo em grupo

Com orientações claras sobre o objeto de diálogo e a finalidade do trabalho em grupo, esta é uma atividade que educa para a concentração na tarefa objetiva a ser feita, o controle e o bom aproveitamento do tempo, o diálogo interpessoal, a circularidade de lideranças, a objetividade em preparar resultados claros para serem apresentados à classe, o respeito às diferenças e a descoberta da riqueza de um trabalho que agrega diferentes pontos de vista de um mesmo objeto.

Mutirão de ideias

Favorece a expressão dos próprios posicionamentos e evidencia ideias originais e inovadoras a respeito de problemas e soluções. Por caracterizar-se pela falta de reflexão prévia, as ideias devem ser anotadas no quadro, para que não se percam e posteriormente possam ser ordenadas e refletidas. Durante a atividade é desfavorável selecionar ou usar juízo de valor sobre elas. A multiplicidade de ideias mostrará a diversidade e servirá de ponto de partida para posteriores exercícios de pesquisa, argumentação e esclarecimento.

Debate

Requer dois grupos que defendam objetivamente ideias opostas. Exercita a atividade de pesquisa prévia e documentação da ideia que será defendida. Desenvolve as habilidades de falar em público, ordenar a apresentação de fatos e ideias, representar um pensamento coletivo, distribuir partes do trabalho para diversas pessoas, aguardar a própria vez de fazer uma intervenção, respeitar a opinião contrária, tratar o adversário como igual e, se possível, procurar uma solução intermediária para a questão, de modo que os dois lados tenham seus argumentos valorizados. Se isto não for possível, refletir acerca da aceitação de perdas e da vitória não triunfalista.

Questionário

Aplicado de forma adequada, ajuda o estudante a ordenar objetivamente as informações já conhecidas e a identificar a resposta objetiva para cada questão. As questões subjetivas favorecem a elaboração escrita do próprio pensamento. Pode ser um ótimo exercício de preparação para um posterior debate.

Linguagem da mídia

Estimula o estudante a produzir e expressar seu conhecimento por meio de linguagens não convencionais na escola, mas presentes em seu cotidiano, como os programas de rádio e TV, textos de jornal, produções musicais e outras.

A atividade valoriza a linguagem apreciada pelos alunos/alunas e presta-se para expressões originais e prazerosas.

Pesquisa acadêmica

Proporciona a descoberta de novos conhecimentos mediante uma investigação minuciosa, que prevê diversas atividades divididas em diferentes etapas, a saber:

Justificativa – fundamentação da pesquisa, apresentando uma questão social, humana, filosófica etc.

Objeto – determinação do que será pesquisado.

Método – descrição das estratégias que serão usadas na pesquisa.

Campo de pesquisa – especificação de onde, em quê ou com quem será feita a pesquisa.

Material – previsão do material necessário.

Resultados – demonstração dos dados pesquisados.

Debate – discussão e reflexão sobre os dados e levantamento de realidades.

Referência teórica – apresentação de autores e obras iluminadores.

Conclusões – proposições teóricas e práticas que expliquem ou apontem soluções para a questão inicial.

UNIDADE 1

O porão das surpresas

Objetivo Descobrir que a cultura é como um porão que guarda coisas cujo significado original remonta às primeiras tradições religiosas da humanidade.

1.1. Descendo a escada do porão

Você chegou ao 7º ano. Parabéns!

As aulas de Ensino Religioso lhe reservam emoções que você nem imagina.

OBJETIVO

Descobrir que a vida presente tem uma relação de continuidade com a cultura e a história dos antepassados.

Valorizar o conhecimento das pessoas idosas.

MATERIAL

Caixa de papelão, papel pedra ou jornal amassado, fita adesiva, um retalho grande de cartolina, pedaços pequenos de papel para todos.

O PROFESSOR E A MÁQUINA DO TEMPO

Gracieli tem 11 anos. Navega na internet, vai a festinhas, conversa com as amigas, faz compras, estuda e escreve em seu diário secreto. Mas há algo em sua vida que nenhuma das amigas tem. Na casa dos seus bisavós há um fantástico porão, como aqueles que só aparecem nos filmes.

Durante as férias Gracieli fica à espreita. Quando vê o bisavô desocupado, reboca-o escada abaixo para aquele nível mais profundo do mundo. Ela quer saber tudo sobre os objetos, fotos, livros, roupas e móveis lá conservados. O velho professor, seu bisavô, solta-se a navegar na memória, na saudade e nos segredos dos fatos e das pessoas que aquele sótão guarda. Gracieli fica fascinada ao ver o quanto a vida era diferente tempos atrás.

Um dia, no fim das férias, Gracieli ia subindo a escada daquela espécie de máquina do tempo, quando se lembrou de que o bisavô havia sido professor de História. Disse, então, com entusiasmo:

– Amanhã as aulas recomeçam, vovô. Eu adoro estudar História.

– A História é como este porão repleto de surpresas – respondeu ele. – Revela segredos que ajudam a entender nossa vida.

ESCAVAÇÕES NO "PORÃO" DO PLANETA

Os arqueólogos escolheram uma profissão estranha, mas, ao mesmo tempo, fascinante: escavar o "porão" do planeta. Você já viu aqueles filmes de terror em que alguém começa a cavar o chão no porão da casa assombrada? Coisas arrepiantes aparecem. Mas, e se de repente surgisse um magnífico tesouro esquecido?

A Arqueologia é a ciência que procura os sinais deixados pelos povos do passado. Encontra objetos, desenhos nas rochas, ruínas de construções, fósseis de pessoas e animais, restos de alimentos e de fogueiras que revelam costumes da humanidade há milhares de anos.

Sepultura de um homem de Neandertal, descoberta em Israel. Os neandertalenses viveram entre 200 mil a 30 mil anos atrás.

Figuras de terracota encontradas no México. Datam de 1.500 a.C. e são os vestígios mais antigos das culturas do altiplano central do México. (Museu Nacional de Antropologia, México.)

Existem sítios arqueológicos no mundo inteiro, inclusive em todo o Brasil. Em nosso país, a região arqueológica conhecida mais antiga é a da serra da Capivara, no Piauí, chamado "Berço do Homem das Américas". Os sinais foram ali deixados por povos que viveram há mais de 35 mil anos.

Promover a leitura dos textos *O professor e a máquina do tempo* e *Escavações no "porão" do planeta*.

Abrir um diálogo a respeito de casas antigas, construções tombadas pelo Patrimônio Histórico, sítios arqueológicos e tudo o que os estudantes conhecem acerca do assunto.

Pedir que reflitam por alguns minutos e procurem justificar a afirmação: "A história guarda segredos que, quando conhecidos, ajudam a entender a vida".

Por fim, confeccionar a maquete do porão e desenvolver as sugestões do item *Atividade*.

ATIVIDADE

Agora você pode participar do mutirão e transformar o material de sucata em um antigo porão de pedras.

Por alguns minutos, pode pensar e escrever suas conclusões em pequenos pedaços de papel.

Se eu fosse fazer uma faxina geral na sociedade:

- O que eu eliminaria para sempre?
- O que eu guardaria no porão para as gerações futuras?
- Que preciosidades eu gostaria que os antepassados tivessem guardado lá para mim?

Depois você pode comunicar à turma o que escreveu e colocar os papéis escritos dentro da maquete do porão.

PARA CASA

Durante a semana, pesquisar sobre o termo "iniciação" nas comunidades indígenas do Brasil ou do exterior.

GRANDELANCE

Você pode dar início à montagem da Enciclopédia de Arqueologia da turma, pesquisando e reunindo ilustrações e informações sobre costumes, crenças, ritos e símbolos que formam as tradições religiosas da humanidade. Ao longo do ano, a enciclopédia irá sendo formada com a contribuição de todos.

1.2. A idade dos sonhos e sustos

OBJETIVO

Conhecer costumes religiosos do passado que hoje parecem assustadores e sem sentido, mas demonstram o quanto o sagrado é determinante na vida social e privada das pessoas.

MATERIAL

Os resultados da pesquisa sobre o termo "iniciação".

Você está quase se despedindo da infância, e isso pode ser bem complicado.

Todo pré-adolescente passa por essa fase. E muitos, provavelmente, têm maiores dificuldades do que você.

É BARRA NÃO SER MAIS CRIANÇA

As tradições religiosas tribais conservam costumes que são transmitidos de geração em geração. Um deles é a iniciação ou passagem da infância para a vida adulta. Ocorre na idade de 11, 12 ou 13 anos, e os adolescentes são instruídos e assistidos pelos adultos da tribo nessa ocasião.

Todos sonham ser tratados como adultos, mas os meninos que pertencem a comunidades tribais indígenas vivem não só a expectativa, como também certo medo, porque a iniciação pode trazer tarefas difíceis e até dolorosas.

Já as garotas passam por um outro tipo de rito de iniciação, no qual aprendem com as anciãs o significado sagrado de ser esposa e mãe.

A iniciação prepara os adolescentes para as responsabilidades e os riscos da vida adulta. Por outro lado, é uma forma de entrar em comunhão com os antepassados da tribo e com os espíritos da natureza e, de todos eles, receber bênção e proteção.

Organizar grupos e pedir que os estudantes apresentem uns aos outros os resultados da pesquisa sobre a iniciação.

Os grupos podem fazer um elenco de semelhanças e diferenças entre as descrições que encontraram.

A seguir, pedir que os grupos exponham os resultados do trabalho e anotar no quadro as semelhanças e diferenças mais frequentes (separação da família por um tempo, reclusão, provas de coragem e de resistência à dor, danças e cânticos, pinturas, máscaras, corte de cabelo, uso de bebidas e alimentos especiais, ensinamentos dos adultos e outros).

Com os principais elementos listados no quadro, desenvolver o item *Atividade*.

ATIVIDADE

Você pode comunicar sua opinião à turma a respeito destas questões:

- O que nos atrai e o que nos assusta nas iniciações negativas que a sociedade oferece (drogas, cigarro, álcool, sexo e outras)?
- De quem podemos esperar ajuda e proteção?
- Em nossa vida existem fatos que podemos comparar com a iniciação dos adolescentes indígenas?

Para concluir, você pode relembrar as iniciações pelas quais já passou na vida religiosa e cultural (ritos das respectivas tradições religiosas e outros).

PARA CASA

Pesquisar sobre o significado da palavra "símbolo".

GRANDELANCE

Refletir, observar a realidade, dialogar com amigos e amigas, e depois escrever um trabalho pessoal sobre as "iniciações" que a sociedade oferece e quais delas podem ajudar ou impedir a realização de seus sonhos.

1.3. Conversa ao redor da fogueira

OBJETIVO

Descobrir que alguns símbolos do sagrado se repetem nas várias tradições religiosas, desde o começo da convivência social da humanidade.

MATERIAL

Uma vela grande para ser acesa.

O resultado da pesquisa sobre a palavra "símbolo".

Você já viu um incêndio, em filme, na televisão ou na vida real?

Já percebeu como as pessoas correm para ver um incêndio? É como se o fogo as atraísse e fascinasse.

A CRENÇA NO PODER DO FOGO

Os seres humanos que viveram no fim da Pré-História – os chamados *Homo sapiens* – eram inteligentes, mas não possuíam os conhecimentos que temos hoje. Viam os fenômenos naturais, imaginavam que fossem resultados de forças transcendentes e faziam oferendas aos espíritos da natureza para obter deles proteção.

O fogo foi o mais forte símbolo do transcendente, porque ao ser descoberto trouxe benefícios: a luz na escuridão da noite, o calor nos longos invernos, a sobrevivência dentro da caverna durante as tempestades de neve, o conforto dos alimentos cozidos e da água quente, o afastamento dos animais perigosos e outros.

As pessoas imaginavam que o fogo fosse um espírito talvez enviado pelo Sol, o deus maior, para proteger o clã. Com isso, a fogueira passou a marcar o ponto de encontro da convivência social e dos ritos religiosos.

Com o passar dos milênios e o avanço da cultura e das civilizações, a fogueira foi figurada pela tocha, a lamparina, o candelabro, a vela e, finalmente, a lâmpada elétrica. Mas a luz que vem da chama é o símbolo principal, por isso seu fascínio permanece.

A CHAMA ACESA HÁ MILÊNIOS

Os hindus até hoje cultuam o fogo, pois acreditam que seu calor transmite a bênção de Deus.

O Hinduísmo é a mais remota religião ainda viva em uma cultura. A cidade de Benares, na Índia, é o local de peregrinação mais antigo do mundo. Lá, há milhares de anos, o fogo sagrado é mantido aceso, sem jamais se ter apagado por um único minuto.

Nos mais de 700 templos de Benares, os hinduístas da Índia e do mundo todo veneram o deus trino: Brahma, Visnu e Shiva, e para lá transportam os mortos. É a maior homenagem que um hindu pode desejar, pois quem tem o privilégio de ser conduzido a Benares e ter seus restos mortais cremados pela chama sagrada tem a graça de ir imediatamente para o Céu. Ainda na Índia o deus do fogo, Agni, é venerado em casa como protetor da família.

Além dos hindus, outras tradições religiosas têm no fogo um forte símbolo da presença do ser transcendente:

- Os etruscos, ancestrais dos romanos, veneravam Lares, a deusa da lareira, protetora da casa e da família.
- A narrativa central da Bíblia judaica é a revelação de Deus, que fala a Moisés do meio das chamas de uma sarça no Monte Sinai.
- Os muçulmanos representam o profeta Maomé com aparência de uma chama, o que simboliza a comunicação com Deus.

No Brasil as festas juninas se davam ao redor das fogueiras, costume ainda conservado nas zonas rurais.

Após a leitura dos textos *A crença no poder do fogo* e *A chama acesa há milênios*, desenvolver a sugestão descrita no item *Atividade*.

Depois, pedir aos estudantes que lembrem de ritos sociais que têm na chama um símbolo importante (as velas do bolo de aniversário, jantar à luz de velas) e enumerem:

- As utilidades atuais do fogo?
- O que nos faltaria se o fogo desaparecesse da Terra?
- Quais as sensações que o calor e a luz do fogo podem trazer?
- Pode-se ver alguma semelhança entre a nossa experiência e a das pessoas da Pré-História? Por quê?
- Como é usado o fogo nas religiões que conhecemos?

ATIVIDADE

Agora você pode ajudar a escurecer a sala e acender uma vela no meio da turma.

Observe como, após alguns minutos, o seu olhar e os dos colegas são atraídos pela chama.

Pode, depois, apresentar o resultado da pesquisa sobre o significado da palavra "símbolo" e dialogar acerca da questão:

– Por que dizemos que o fogo é um símbolo?

PARA CASA

Você pode reler os conteúdos estudados até agora.

GRANDELANCE

Você sabia que até cerca de 80 anos atrás quase todos os fogões queimavam lenha? Nas regiões mais frias do país, pais e filhos reuniam-se à noite ao redor do fogão para contar e ouvir histórias.

Se em sua região isso nunca aconteceu, procure descobrir o que era usado para iluminar as casas nos lugares onde não havia eletricidade.

Converse com alguém de sua família ou outra pessoa conhecida que tenha vivido naquele tempo.

1.4. Oferendas de gratidão

OBJETIVO

Compreender a origem sagrada de certos ritos, crenças e festas populares e sociais.

MATERIAL

Gravuras de jornais e revistas nas quais apareçam crianças e jovens em situações positivas de alegria e festa e outros em situações de risco, exploração e violência. Papel pardo e material de escrita e colagem para um painel.

No Brasil, temos festas regionais de colheita de produtos da terra: do trigo, em São Paulo; do milho, em Goiás; do feijão, em Alagoas; da uva no Rio Grande do Sul, e muitas outras.

Existem também as festas familiares, como conta um garoto do sul do país.

A FESTA DA COLHEITA

Meu nome é William. Tenho 11 anos e minha escola localiza-se em uma vila rural. Meus colegas do 7º ano são filhos de agricultores, como eu. A região é fértil e bem cuidada e nossos familiares cultivam a terra que herdaram dos pais e avós.

Na escola me chamam de William, o fabricante de vinhos. Você acha incrível que um garoto de minha idade saiba fazer vinho?

Bem, vou revelar um traço cultural incrível de minha família. Todos os anos, no verão, meu avô examina os parreirais, observa os cachos e decreta a abertura da temporada familiar de co-

lheita da uva. Meus tios e tias fazem o possível para liberar-se de seus próprios trabalhos e vão ajudar. Ninguém perde essa maravilhosa festa familiar que se conserva há mais de cinco gerações.

Meus primos e primas divertem-se a valer. Todos ajudam e brincam, cantam e também rezam, porque este é um costume sagrado da família.

Quando a colheita da uva termina e os parentes vão embora, meu avô e eu nos trancamos na cantina e começamos o trabalho com instrumentos, medidas e fórmulas ao redor das pipas cheias de mosto, a uva triturada em processo de fermentação. É a parte fascinante do trabalho. É como se a cantina fosse uma escola de magia onde eu sou o aprendiz.

Ainda bem que a festa da colheita da uva ocorre durante as férias. Já imaginou se eu, por descuido, em uma aula de Química, revelasse para a turma inteira o meu segredo familiar da fórmula do melhor vinho da região?

A TROCA DE FAVORES

As antigas cerimônias de colheita eram celebradas ao redor de fogueiras nos campos. Tudo muito romântico. O problema é que, em certas culturas, uma oferenda era feita em honra dos espíritos e deuses da fertilidade, como garantia de que no ano seguinte os deuses providenciariam uma colheita melhor, e muitas vezes a vítima oferecida era uma pessoa.

Na maior parte das religiões atuais, as oferendas de sangue foram substituídas pela oferta simbólica de alimentos.

No Império Romano, quando os camponeses acabavam a ceifa do trigo, era costume espalhar pelos campos o sangue de uma vítima. A cerimônia era acompanhada de cânticos e danças e depois as pessoas iam para casa descansar. Foi assim que surgiram os dias feriados no calendário.

Após a leitura dos textos *A festa da colheita* e *A troca de favores*, com os alunos sentados em círculo, expor as gravuras que trouxeram para a aula e pedir a cada um que escolha uma delas.

Organizar pequenos grupos para que analisem as gravuras escolhidas e reflitam:

- O que elas têm em comum com a festa da família do fabricante de vinho?
- O que nelas pode lembrar o sacrifício de vítimas?

Após o diálogo dos grupos, reunir a turma e sugerir a composição de um painel com as gravuras. Deixar que os estudantes colem e façam montagens como preferirem.

Depois da colagem, definir um título para o painel que sintetize a reflexão feita nos grupos.

A seguir, lançar as questões do item *Atividade* e deixar que todos manifestem suas opiniões.

ATIVIDADE

Vamos conversar?

- Que motivo levava os antigos a espalhar sangue de vítimas nos campos?
- Que motivos levam a família de William a se reunir na colheita da uva?
- Houve mudança positiva na sociedade?
- Houve também mudança negativa?
- O que podem significar as palavras "oferendas" e "vítimas" na sociedade atual?

PARA CASA

Pesquisar a respeito da importância da água nas tradições religiosas. Procurar ilustrações ou reportagens de jornais e revistas sobre os efeitos da falta ou do excesso de água.

GRANDELANCE

Vamos transformar o mundo? Você e seu grupo podem selecionar elementos e valores da cultura brasileira, como diversidade, participação, solidariedade, acolhida, e criar um código para cada um deles, como na Química. Depois, escolher um problema social a ser resolvido e criar uma fórmula que ajude a solucioná-lo. Quando surgir a fórmula desejada, é só escrevê-la usando os códigos e desafiar os amigos a decifrá-la. Não esqueça que o código deve dar alguma "dica" da natureza do elemento.

1.5. A cisterna dos tempos

OBJETIVO

Compreender o papel da água em diferentes culturas como símbolo do sagrado.

Refletir sobre a responsabilidade de todos de cuidar da água.

MATERIAL

Dados da pesquisa sobre a água nas tradições religiosas e reportagens sobre o excesso ou a falta de água.

Pense no problema da água no planeta. O desperdício e a poluição terão consequências fatais para as gerações futuras.

A água, assim como o fogo, é um símbolo central nas tradições religiosas.

A MISTERIOSA BARREIRA DO RIACHO

O cultivo de alimentos depende da água.

Em uma tarde de verão, o grupinho inseparável de meninos e meninas da tribo indígena foi brincar de pescaria. Ao chegar ao riacho, as crianças ficaram surpresas. Seus pais e irmãos maiores faziam lá um trabalho muito estranho. Com pedras grandes, haviam construído uma barreira, e a água represada formara um lago, enquanto eles abriam uma cova no leito seco do riacho.

Um dos pais explicou, com paciência e gentileza, como os índios costumam falar com os filhos:

– Hoje vocês não podem brincar de pescar. Voltem para a aldeia.

– Por que não podemos? – perguntou a garotinha menor. – Nós sempre pescamos os lambaris, a mamãe assa e nós os comemos, fazendo *créc, créc, créc*...

Outro pai explicou às crianças que aquele era um trabalho sagrado que elas ainda não entendiam.

Os pequenos voltaram para a aldeia, contrariados e cheios de curiosidade, e encontraram as mães silenciosas, como se algo muito importante fosse acontecer.

Quando escureceu, as crianças, sem permissão para deixar as redes, assistiram de longe, à luz da lua, a mais bela cerimônia que jamais haviam visto na aldeia. O corpo da avó, mãe do cacique, que contava tantas histórias bonitas dos antepassados, estava sendo levado, entre cânticos e rezas fúnebres, para o lado do riacho.

As crianças viram a tribo desaparecer na curva do caminho e, cansadas, dormiram pelo resto da noite. De manhã, a curiosidade chamou todas elas cedinho para fora da rede. Pulando ao redor dos adultos, pediram todas juntas:

– Podemos pescar, podemos pescar?

– Sim, podem pescar – respondeu o mais velho da tribo –, porque agora a água do rio está abençoada. Nunca faltarão peixes na aldeia.

Uma anciã acrescentou:

– E nunca faltarão crianças que brinquem de pescar!

O grupinho voou para o lugar em que havia sido construída a barreira. Tinham combinado subir nas pedras e atirar-se para nadar no lago que se formara. Mas, que surpresa! Tudo havia sumido e o riacho corria como sempre, cheio de lambaris prateados reluzindo à luz do sol.

As crianças ficaram mudas de admiração e o silêncio as fez escutar: a água não borbulhava como antes. Agora era como se ela cantasse! Sim, a água cantava as melodias dos antepassados na língua da tribo, aquelas melodias que a avó tantas vezes cantara com elas.

A ÁGUA E O MISTÉRIO DA EXISTÊNCIA

É costume de algumas tribos indígenas desviar o curso de um riacho e enterrar os anciãos falecidos no leito seco, fazendo depois a água voltar. Creem que a presença dos antepassados é uma bênção para os descendentes que usam aquela água.

A água sempre esteve ligada ao mistério da existência, e os textos sagrados orais e escritos a apontam como símbolo para explicar a origem do mundo e da humanidade:

Na crença do Egito, o deus Sol soprou sobre a imensidade da água e dela nasceu o primeiro casal humano.

A criação, para os babilônios, surgiu quando das águas emergiram o deus rio, Apsu, e a deusa mar, Tamat, pai e mãe do deus Marduk, criador da humanidade.

Os hindus creem que a pessoa renasce e purifica-se do pecado ao se banhar no rio Ganges. E jogam também no rio as cinzas dos mortos, para que assim obtenham a imortalidade.

Batismo de um membro de uma igreja pentecostal, na Jamaica.

Os sumérios acreditavam que tudo tivesse nascido do casal de deuses Nemmu, o mar, e Emk, a água doce.

Para os gregos, Afrodite, a deusa do amor, nasceu do mar e o mundo surgiu do oceano.

Na Bíblia, o povo judeu diz que Deus criou o mundo ordenando o caos das grandes águas.

Na mitologia inca do Peru, o casal que originou o mundo chama-se Manco Capac e Mama Ocllo. Os dois surgiram do lago sagrado Titicaca.

Expor os resultados da pesquisa sobre os problemas relacionados à água ou à seca.

Formar pequenos grupos e sortear questões para serem discutidas:

- O que os nossos familiares nos ensinam a respeito da água? Nossa família economiza água ou a desperdiça?
- Como se pode caracterizar a região do país onde moramos? Tem água abundante, suficiente ou insuficiente? As pessoas consomem água de boa qualidade?
- De onde vem a água que consumimos? Como está essa fonte? É bem cuidada?
- Que doenças a água poluída pode causar? Conhecemos algum caso na comunidade?
- Que tipo de agressão sofrem os mananciais em nossa região e em outros lugares que conhecemos?

Após o trabalho em grupo, fazer a apresentação no plenário e conversar:

- O planeta já está sofrendo, de algum modo, pela falta de água?
- Sofremos perigo de inundação ou afogamento?
- O que sentimos quando temos abundância ou falta de água?

A seguir, desenvolver o item *Atividade*.

ATIVIDADE

Você pode apresentar para a turma o que descobriu na pesquisa a respeito do símbolo da água nas tradições religiosas.

Depois pode explicar em quais ritos a sua tradição religiosa costuma usar a água e o que o texto sagrado ensina a respeito dela.

GRANDELANCE

Que tal preparar na sala um espaço para um mural, onde cada um, durante a semana, pudesse afixar ilustrações, notícias de jornais e revistas, dados e estatísticas sobre o tema que foi estudado na aula de Ensino Religioso? Nesta semana, por exemplo, poderiam ser afixados os resultados da pesquisa sobre a água.

UNIDADE 2

As trilhas da floresta

Objetivo Compreender que o papel das tradições religiosas é ajudar as pessoas a assumir a dimensão sagrada da existência.

2.1. A caverna do tesouro

OBJETIVO

Compreender que, por meio da herança cultural da humanidade, cada pessoa descobre o sagrado e procura nele um significado maior para a própria vida.

MATERIAL

O necessário para cada grupo fazer um cartaz com colagem, desenho, escrita, pintura etc.

ALI BABÁ E O TESOURO DA CAVERNA

Conta uma lenda persa que o lenhador Ali Babá, escondido na floresta, viu uma quadrilha de ladrões parar diante de um rochedo e ouviu o chefe dizer: "Abre-te, Sésamo!". Era a senha que abria a passagem na pedra. Os ladrões entraram, guardaram os tesouros roubados e, ao saírem, o chefe gritou: "Fecha-te, Sésamo!". Imediatamente a entrada desapareceu.

O lenhador esperou que os bandidos sumissem, repetiu a senha, entrou na caverna e ficou deslumbrado ao ver um imenso tesouro. Juntou o que pôde, saiu, gritou a senha para fechar, guardou as joias debaixo da lenha e foi para casa.

Desde aquele dia, Ali Babá passou a visitar a caverna quando precisava de dinheiro. Mas, com o tempo, os ladrões notaram a diferença e montaram guarda para apanhar o responsável pelos saques ao tesouro. Quando o descobriram, combinaram uma cilada: o chefe disfarçou-se de mercador, pediu hospedagem em casa de Ali Babá e arrumou no quintal seus 40 barris de azeite, que na verdade escondiam os ladrões.

Uma jovem, serva da esposa de Ali Babá, descobriu que o plano dos bandidos era destruir a casa durante a noite. Ela despejou óleo quente nos barris e matou a quadrilha inteira. Ao saber da coragem da moça, Ali Babá deu-a em casamento ao seu filho e assim o segredo do tesouro ficou guardado na família por muitas e muitas gerações. Passou de pais para filhos, sempre com a mesma recomendação: ninguém poderia retirar da caverna mais do que o necessário para viver.

É PRECISO CONHECER A SENHA

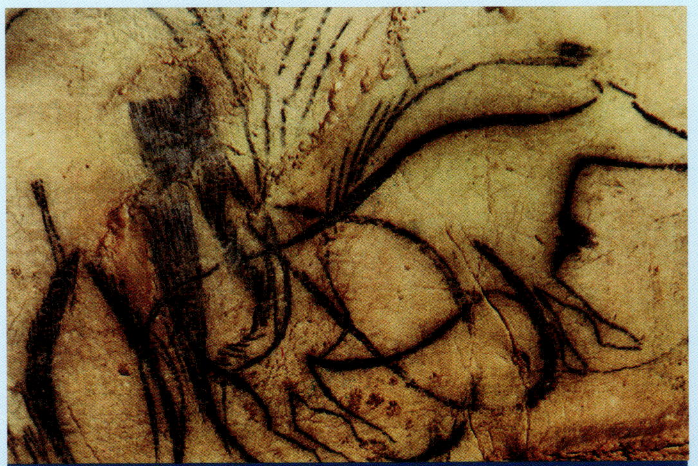

Desenhos pré-históricos, na gruta de Pech-Merle (França).

Ali Babá descobriu o tesouro porque memorizou a senha que abria a caverna. Nós temos inúmeras senhas: do computador, da internet, do cartão de crédito. A senha nos dá direito exclusivo de conhecer ou comprar um bem de nosso interesse.

As tradições religiosas são como senhas que permitem compreender o sagrado presente em nossas vidas. Atualmente qualquer pessoa pode fazer parte de um grupo ou comunidade religiosa, mas no passado não foi assim. Só os iniciados tinham esse direito porque conheciam as senhas sagradas.

No antigo Egito, o "Livro dos Mortos" era colocado junto às múmias durante os funerais. Nesses papiros havia inscrições que forneciam instruções para a viagem depois da morte. (Museu Britânico.)

Os xamãs da Pré-História tinham seus recintos secretos dentro das cavernas, em cujas paredes desenhavam e criavam símbolos mágicos de comunicação com os espíritos.

Os primeiros templos construídos pelas grandes civilizações possuíam inscrições nas paredes e colunas, mas só os sacerdotes e os escribas as decifravam.

Em nossa sociedade, o conhecimento é como uma senha para dela fazer parte e exercer a cidadania. O mesmo acontece com as tradições religiosas. Podemos conhecê-las, descobrir os tesouros que escondem e ter respeito por elas. Se desejarmos, podemos até escolher uma delas como caminho para nossa vida.

Após a leitura dos textos *Ali Babá e o tesouro da clareirra* e *É preciso conhecer a senha*, deixar que os estudantes lembrem outras lendas e histórias relacionadas a tesouros escondidos e encontrados.

A seguir, organizar grupos, disponibilizar o material de arte e orientar para que reflitam sobre as sugestões do item *Atividade* e desenvolvam a tarefa proposta.

ATIVIDADE

Com certeza você tem muita coisa a dizer sobre os temas abordados. Reúna-se então com seu grupo para dialogar sobre uma destas questões:

- Em que sentido podemos comparar a sociedade de hoje com uma floresta?
- O que hoje poderia ser comparado com a clareira e a rocha?
- O que, em nosso mundo, podemos considerar um tesouro?
- Qual poderia ser hoje a senha que nos leva até o tesouro?
- Quais os valores que encontramos na atitude de Ali Babá?

Depois, seu grupo pode representar suas ideias de forma artística, em um cartaz, e partilhar as conclusões com os demais.

PARA CASA

Entreviste um ou dois colegas da turma e faça as seguintes perguntas:

– O que significa para você a frase "A vida é um caminho?".

– Você vê a sua vida como um caminho?

– Aonde você gostaria que esse caminho o levasse?

Depois, pesquise sobre o tema "caminho" nas tradições religiosas.

GRANDELANCE

Convidar amigos ou amigas e formar clubes de ajuda mútua, assumindo alguns compromissos, como, por exemplo, "não criticar ninguém dentro do colégio" e pensar numa senha que lembre essa atitude. Quando um membro do clube estiver criticando alguém, basta que seja dita a senha para que se lembre do compromisso assumido.

2.2. Diversas trilhas na mata

OBJETIVO

Compreender que as tradições religiosas são como trilhas que conduzem a um só objetivo: a descoberta do sentido sagrado da existência e suas consequências na vida de cada pessoa e da sociedade.

MATERIAL

Os resultados das entrevistas com os colegas sobre o significado do caminho em suas vidas e da pesquisa sobre o caminho nas tradições religiosas.

SÓ CHEGA AO TESOURO QUEM ANDA NA TRILHA

A cultura é como uma floresta repleta de surpresas e formada por uma imensa diversidade.

As tradições religiosas são como trilhas abertas na floresta em direção a uma clareira que guarda um tesouro. Cada trilha tem suas curvas, subidas e descidas, provas e obstáculos, mas todas chegam ao mesmo local. Vejamos alguns exemplos:

XINTOÍSMO

A palavra *xintoísmo* significa "caminho dos deuses".

O Xintoísmo é uma das tradições religiosas mais antigas do mundo. Foi a religião nacional do Japão até a metade do século XX. Ninguém sabe exatamente quando ela começou e por quem foi fundada.

Cerimônia xintoísta no Japão.

Não existem escritos sagrados no Xintoísmo. Os ensinamentos são passados oralmente, de geração em geração, entre as famílias japonesas. A principal atitude de quem caminha nessa trilha é a reverência e a gratidão pela natureza que alimenta todos os seres vivos.

TAOÍSMO

A palavra *Tao* quer dizer "caminho" e seu principal escrito sagrado é o *Tao-te-Ching*, "o caminho da virtude".

O Taoísmo foi fundado na China pelo sábio Lao-Tsé há quase 3 mil anos.

CRISTIANISMO

O Cristianismo é a religião dos seguidores de Jesus Cristo, que nasceu na Palestina há cerca de dois mil anos. Jesus se apresentou aos seus discípulos como o Caminho, e os primeiros cristãos eram conhecidos como seguidores do Caminho do Nazareno.

Ao ar livre ou em círculo na sala, conversar sobre o costume moderno de se caminhar em trilhas ecológicas sob a orientação de um guia, os cuidados que se deve ter nessas caminhadas, as dificuldades e as satisfações que elas trazem, os objetivos de quem as frequenta.

Lembrar as grandes avenidas ou autoestradas, que conduzem as pessoas de um lugar a outro.

Depois, desenhar no chão um caminho largo onde seja possível andar. Pedir aos alunos que entrem no caminho e andem, enquanto dizem para onde gostariam que ele os levasse. No fim, devem escrever no chão uma palavra ou frase que represente o sonho e a meta: o tesouro que desejam encontrar.

Outros alunos podem caminhar do lado de fora, indo e voltando, enquanto escrevem no chão as dificuldades que os impedem de entrar no caminho e de chegar à meta desejada.

Após todos terem participado, formar um círculo onde cada estudante poderá relacionar a experiência do momento com as respostas que foram dadas antes pelos colegas entrevistados.

Finalizar a atividade refletindo sobre as tradições religiosas que se apresentam como caminhos para Deus e para o tesouro de uma vida mais feliz.

Deixar que os alunos apresentem o que pesquisaram e comentem o que suas respectivas tradições religiosas ensinam sobre o caminho.

ATIVIDADE

Você já andou em uma trilha ecológica?

Reflita sobre as semelhanças entre a sua vida e uma trilha. Entre com a turma na dinâmica do caminho, dê sua opinião e compartilhe o resultado de suas entrevistas e pesquisas sobre o tema.

PARA CASA

Pesquisar sobre a vida e a mensagem do líder indiano Mahatma Gandhi.

GRANDELANCE

Combinar com amigos ou amigas um passeio por uma trilha ecológica da região e depois dialogar sobre a experiência, procurando compará-la com o conhecimento do sagrado.

2.3. Nas trilhas há guias e líderes

OBJETIVO

Conhecer o papel de alguns líderes religiosos nas mudanças culturais e sociais que beneficiam toda a humanidade.

MATERIAL

O resultado da pesquisa sobre Gandhi.

Ao pesquisar sobre Mahatma Gandhi você deve ter percebido a força de um líder que vê sua trilha com clareza e anima seus companheiros a caminhar.

O SILÊNCIO DO MENINO

Mahatma Gandhi era filho de um famoso juiz indiano. Seus pais seguiam a tradição religiosa jainista, que ensina o respeito e a reverência a todos os seres vivos. A casa da família era frequentada por líderes de outras tradições religiosas, que vinham dialogar com o sábio jurista sobre os problemas do país, em busca de soluções.

O menino ouvia tudo em silêncio e assim formou no coração a certeza de que as pessoas podem se libertar das opressões exercendo uma resistência inteligente, com paz, justiça, educação e tudo o que é necessário para a cidadania e a liberdade de todos.

Gandhi cresceu, formou-se advogado e dedicou a vida a conscientizar as pessoas de seus direitos e educar o povo para resistir sem violência à imposição cultural, política e religiosa que dominava a Índia. Com o passar do tempo se tornou famoso no mundo inteiro por sua liderança em relação à paz e aos direitos humanos.

Lembrar líderes que ajudaram a mudar a sociedade, no Brasil e no mundo.

Organizar grupos para que conversem sobre o que pesquisaram a respeito de Gandhi.

A seguir, realizar a sugestão do item *Atividade*.

ATIVIDADE

Agora você pode compartilhar com seu grupo o que foi pesquisado sobre Gandhi. Depois pode seguir as orientações abaixo e imaginar um texto que será escrito com seus colegas:

VIAGEM À ERA DA PAZ

Descrever o tempo em que o mundo viverá em paz:

- O que não existirá mais?
- O que passará a existir em todas as cidades e em todas as casas?
- Aqui, onde você vive, o que irá desaparecer?
- E o que irá surgir?
- Quem serão os líderes e o que eles irão ensinar na Era da Paz?

Por fim, o texto que o grupo escreveu pode virar uma música, uma peça de teatro, um poema ou outro gênero de arte preferido.

PARA CASA

Pesquisar sobre as primeiras formas de escrita usadas nas grandes civilizações. Copiar alguns caracteres de um ou mais alfabetos antigos.

GRANDELANCE

Colecionar dados e fatos de grandes líderes da humanidade, descobrir o principal ensinamento deles e se eram ligados a alguma tradição religiosa.

2.4. Os mistérios dos mapas antigos

OBJETIVO

Compreender que as primeiras expressões da escrita eram misteriosas e só os iniciados as decifravam, porque eram consideradas uma comunicação dos espíritos e dos deuses.

Perceber que, na cultura atual, as tradições sagradas são conhecidas e suas mensagens divulgadas.

MATERIAL

O resultado da pesquisa sobre as primeiras formas de escrita.

Papel pardo, fita adesiva e pincéis atômicos ou pedaços de carvão.

SEM PERIGO DE PERDER A TRILHA

Durante milênios, nos clãs e civilizações antigas, o conhecimento das tradições sagradas orais e escritas era reservado a poucos iniciados.

Atualmente elas são mais conhecidas e revelam não só histórias fascinantes como também a procura do transcendente que permeia a cultura da humanidade.

Os textos sagrados servem como mapas ou setas nas trilhas da floresta que levam ao tesouro, porque ensinam a sabedoria da vida e da convivência entre as pessoas.

Veja alguns pequenos textos das tradições religiosas mais conhecidas:

Judaísmo – "Correrei pelos caminhos de vossos ensinamentos quando abrirdes o meu coração" (Salmo 119[118], 32).

Guiné Bissau. Crianças muçulmanas aprendem a ler usando os textos do Alcorão.

Islamismo – "Àqueles que creem em Allah, e a ele se apegam, Allah os introduzirá em sua misericórdia e sua graça, e os encaminhará até ele, por meio da senda reta" (Alcorão 4: 175);

"Esta é a minha senda reta. Segui-a e não sigais os demais caminhos, para que estes não vos desviem da sua. Eis o que ele vos prescreve, para que o temais" (Alcorão 6: 153).

Hinduísmo – "Quem abandona um amigo com quem aprendeu, não merece participar mais da Palavra. O que ele ouve é vão, porque ele não sabe o caminho da boa ação" (Vac-Sukta, Hino à Palavra sagrada, 10.71.6).

Budismo – "Um discípulo de Buda não deve mostrar preferências na comunicação dos ensinamentos. Toda e qualquer pessoa pode recebê-los" (O chão da mente do Bodhisattva, preceitos secundários, 40).

Cristianismo – Toda Escritura é inspirada por Deus e serve para ensinar, argumentar, corrigir e educar conforme a justiça (2Tm 3,16).

Fé Bahá'í – "Assim como crês com certeza que a Palavra de Deus perdura para sempre, deves do mesmo modo acreditar com fé inabalável que o seu significado jamais se esgotará" (Seleção dos escritos de Bahá'u'lláh, 89).

Escrever no quadro todas as letras do alfabeto e deixar que os alunos criem e escrevam ao lado um novo sinal que corresponda a cada letra. Pedir que todos copiem o novo alfabeto e escolham para ele um nome ("Alfabeto da diversidade", "da convivência" ou qualquer outro).

Organizar grupos de forma que cada um escolha um dos textos sagrados sugeridos acima e faça a transferência para o novo alfabeto.

Em seguida, cada grupo pode transcrever no quadro o seu novo texto e desafiar a turma a traduzi-lo.

Por fim, expor na parede o papel pardo e pedir que os estudantes transcrevam nele os caracteres que pesquisaram e expliquem brevemente a que cultura pertenceram.

Criar um título para o painel ("Escrita sagrada de todos os povos" ou algum outro).

Finalizar o trabalho com o diálogo proposto no item *Atividade*.

ATIVIDADE

Com a turma, você pode criar um alfabeto sagrado e com ele compor um texto. Depois criar o painel da escrita sagrada e, por fim, dialogar com a turma acerca das seguintes questões:

- Se os textos sagrados fossem escritos agora, que mensagem deveriam trazer para os problemas atuais?
- Se Deus nos desse três conselhos para cuidarmos do mundo, o que ele diria?

PARA CASA

Providenciar pequenos espelhos para refletir a luz do Sol ou de uma lâmpada.

GRANDELANCE

Criar um alfabeto, seu código secreto, para escrever diálogos pessoais com Deus sobre tudo o que lhe acontece.

UNIDADE 3

A velha arca do tesouro

Objetivo Ressignificar os elementos da cultura e os valores humanos preservados pelas tradições religiosas.

3.1. O tesouro iluminado

OBJETIVO

Compreender que o tesouro escondido na caverna da cultura e da história é formado por joias raras, algumas até em extinção: são as atitudes humanas, iluminadas pelo significado sagrado.

MATERIAL

Pequenos espelhos para refletir a luz

Já lhe aconteceu de estar em um lugar escuro e faltar luz? O que você sentiu? Qual a nossa sensação quando estamos em um local sombrio e a luz é acesa?

COMO É ÚTIL UM LAMPIÃO!

Os escoteiros chegaram ao alto da serra. Exaustos pela longa subida com as mochilas às costas, acataram agradecidos a orientação do monitor de descansar um pouco antes de montar o acampamento.

Tudo ia bem e a turma, depois de relaxar e normalizar o ritmo da respiração, se divertiu ao lembrar os aspectos humorísticos do itinerário: Davi havia dado um salto ao ver uma cobra e pisara no pé de Lucas, que quase caíra levando junto Pedro, salvo bem na hora por um galho de árvore que se inclinava ao alcance de sua mão. Tudo estaria bem se a árvore não fosse cheia de espinhos e se ninguém tivesse visto que a temida cobra era o rabo de uma inocente lagartixa que continuava dormindo atrás de uma pedra.

Cada um acrescentou um detalhe ao relato, reproduzindo uma careta, um olhar surpreso ou zangado, uma posição que os "personagens" teriam assumido durante a sequência das cenas, e riram a valer. Com isso a tarde caiu. Uma forte névoa se formou sobre a serra e as barracas ainda não estavam montadas. Os estômagos reclamaram, mas os escoteiros não localizaram as mochilas de suprimentos.

De repente, alguém conseguiu acender um lampião e, caminhando com a luz no meio da névoa, achou as mochilas com o lanche. Então, tudo virou festa outra vez! As barracas podiam esperar – afinal, as névoas na serra nem sempre duram por muito tempo.

O OURO "RELUZ" DIANTE DA LUZ

Na cidade de Bogotá, na Colômbia, o Museu do Ouro guarda joias de um valor incalculável, fabricadas pelos povos que viviam no país antes da chegada dos conquistadores espanhóis.

Quando se entra no museu tudo é penumbra. De repente, acendem-se muitas lâmpadas e todo o ouro brilha como se cada joia fosse uma outra luz. Depois se apagam as luzes e o ouro volta à invisibilidade para, em seguida, brilhar outra vez em um fantástico efeito de combinação de luz e sombra. O ouro "reluz", isto é, reflete a luz que o ilumina e a aumenta, como um espelho.

Peças em ouro elaboradas pelos Chibchas, na mesma época dos Incas e dos Maias, na Colômbia. Estas joias encontram-se no Museu do Ouro, em Bogotá.

Após a leitura dos textos *Como é útil um lampião!* e *O ouro "reluz" diante da luz*, lançar à turma as questões:

- O que em nossa vida pode ser simbolizado pela névoa das montanhas e pela penumbra do museu?
- O que poderiam simbolizar o pequeno lampião que guiou os escoteiros até as mochilas e os fortes holofotes que focalizam os tesouros dos povos do passado?

Após o diálogo livre, desenvolver as sugestões do item *Atividade*, promovendo a experiência de refletir a luz do Sol ou de uma lanterna nas superfícies dos espelhos e dialogando a respeito.

ATIVIDADE

Você pode testar a forma como os espelhos refletem a luz e permitem direcioná-la para qualquer lado. Depois, dialogue com a turma:

Ao pensar na vida e na convivência das pessoas,

- a que valores e atitudes podem ser comparados as joias de ouro e os espelhos?
- a que crenças e ensinamentos pode ser comparada a luz?
- como esses valores, crenças e atitudes são vividos nas tradições religiosas que conhecemos?

PARA CASA

Providenciar para a próxima aula aquele objeto que você considera um tesouro. Se for impossível removê-lo, faça a descrição, leve um desenho ou uma foto.

GRANDE LANCE

Visite locais sagrados das tradições religiosas que existem em sua cidade: templos, terreiros, centros, igrejas... Converse com as pessoas que lá estiverem sobre o símbolo da luz.

3.2. Um coração em forma de arca

OBJETIVO

Compreender que os objetos adquirem significado quando representam experiências importantes. Assim, os símbolos religiosos falam do sagrado em todos os tempos e regiões da terra.

MATERIAL

Uma caixa de papelão ou madeira com tampa, caracterizada de arca do tesouro. O objeto significativo que foi trazido por cada um dos alunos e alunas.

Em sua família existe algum objeto de estimação? Para quem e por que ele é importante?

As coisas passam a ser sagradas quando simbolizam a intensidade de nossas experiências, sentimentos ou decisões.

O ANEL ENCANTADO

A Fábula de Lessing é clássica na literatura judaica e conta que um casal tinha dois filhos jovens, estudiosos e dedicados aos pais. Formavam uma família feliz, mas havia um segredo para a felicidade: o pai recebera dos antepassados um anel encantado capaz de trazer amor e prosperidade a quem o possuísse.

O tempo passou. Os jovens se casaram e a casa se encheu de crianças. Mas o pai tinha uma preocupação: a qual dos dois filhos devia deixar o anel encantado?

Muitos anos depois, já no leito de morte, o ancião disse aos filhos:

– O segredo da felicidade é um anel encantado que acompanha nossa família há muitas gerações.

Agora devo entregá-lo a um de vocês, mas não posso escolher. Amo os dois igualmente e ambos merecem recebê-lo.

Ao acabar de dizer estas palavras, chamou o filho mais velho e deu a ele o anel. Os dois filhos olharam-se sem entender, mas ele imediatamente chamou também o mais novo e entregou-lhe outro anel. Mais surpresos ainda, os irmãos viram que os anéis eram absolutamente iguais.

Então, o pai concluiu:

– Eu jamais poderia escolher um entre vocês dois, por isso mandei fazer uma cópia do anel. É tão perfeita que nem eu mesmo sei qual é o comum e qual o encantado.

O pai faleceu. O tempo passou e os dois filhos viveram felizes com suas famílias, praticando o bem que haviam aprendido desde pequenos, cada um na certeza de estar de posse do anel encantado.

OS SÍMBOLOS LEMBRAM REALIDADES INVISÍVEIS

Altar em terreiro de Umbanda, Brasil.

Os símbolos expressam o que as palavras não dizem, ou que a simples razão não pode captar.

As tradições religiosas procuram falar dos mistérios transcendentes por meio da linguagem simbólica: a serpente que forma um círculo é símbolo da crença no ciclo de repetição entre vida e morte e do retorno do espírito humano à vida terrena; a cruz é um símbolo da crença na ressurreição de Jesus Cristo após a morte; o altar é um símbolo de comunhão entre o transcendente e o ser humano; a vela acesa é um símbolo da adesão das pessoas ao ensinamento de uma tradição religiosa; a veste especial é um símbolo de que a pessoa é consagrada para realizar ritos sagrados. E assim, muitos outros símbolos são usados pelas tradições religiosas.

Após a leitura dos textos *O anel encantado* e *Os símbolos lembram realidades invisíveis*, dividir os estudantes em trios e pedir que discutam as seguintes questões:

Como se explica que os dois filhos tenham igualmente prosperado e sido felizes, se só um dos anéis era encantado?

O que há de válido na Fábula de Lessing para a nossa vida?

A seguir, expor a caixa decorada em forma de arca do tesouro e desenvolver as sugestões do item *Atividade*.

ATIVIDADE

Você pode dialogar com colegas a respeito da força de um símbolo, capaz de despertar o que há de melhor nos seres humanos.

Depois, pode apresentar para a turma o objeto que simboliza um tesouro para você e explicar o motivo de ele ter tanta força em sua vida.

Por fim, dialogar acerca da seguinte questão:

- Quais as atitudes nossas e dos outros que, em nossa vida, podem ser comparadas a um anel encantado ou à arca de um tesouro?

PARA CASA

Para a próxima aula, trazer a fotografia ou o nome de uma pessoa considerada amiga com "a" maiúsculo. Escrever as qualidades desta pessoa, comparando-as com as joias de um tesouro.

GRANDELANCE

Você pode procurar símbolos sagrados na internet, em livros, enciclopédias ou revistas. Reproduza-os em material alternativo, como argila, massinha, madeira, papel laminado e outros. Identifique cada objeto com os dados pesquisados e monte o seu museu do sagrado.

3.3. Descobrindo o tesouro enterrado

OBJETIVO

Compreender que há valores humanos que são válidos para todos os tempos e podem ser cultivados na vida pessoal e na cultura, levando a sociedade a ser um lugar de convivência com a diversidade e de cidadania para todos.

MATERIAL

Fotografias de pessoas amigas e a lista de qualidades dessas pessoas.

A SURPRESA DE MEU ANIVERSÁRIO

Descobri o quanto meus colegas gostam de mim, quando sofri um pequeno acidente que a amizade acabou por transformar em uma linda surpresa.

Levantei-me para ir à escola e ouvi a voz de minha mãe, da cozinha: "Andreia, por favor, pegue o balde e vá até a bica buscar água para eu fazer café. Mas não o encha muito, porque é pesado para você".

Fui prontamente porque minha mãe trabalha muito e eu a ajudo no que posso. Ela é diarista. Desce o morro cedinho e vai fazer faxina nas casas. À tarde, sobe cansada, trazendo o meu irmãozinho da creche.

Bem, naquela manhã havia chovido. Eu escorreguei na lama e torci o pé. Na hora não doeu e eu nem contei

à minha mãe. Assim que ela saiu com meu irmão no colo eu lavei a louça do café, apanhei meu material e desci pela trilha do morro até a escola. Cheguei com o pé inchado e muita dor. Fui levada ao posto de saúde e voltei enfaixada para a sala de aula.

Após a aula minhas amigas me acompanharam até a casa de minha tia, onde eu costumo almoçar, mas depois eu não consegui subir até a minha casa. À tardinha, mamãe passou na casa da tia, encontrou-me lá sentada e levou o maior susto. No outro dia, justo a data do meu aniversário, eu não pude ir à escola.

Passei a manhã toda imaginando meus colegas na escola e eu ali, sozinha, no minúsculo barraco da tia. Estava ainda amargando a solidão quando ouvi vozes que se aproximavam cantando parabéns. Não quis acreditar: minha turma inteira apareceu na porta! Carregaram-me para fora, onde havia mais espaço, e me encheram de abraços e felicitações.

Quando pensei que as emoções tivessem acabado, surgiu ainda o presente: uma linda caixinha de papelão forrada com papel colorido e cheia de balas e chicletes que eles compraram com a "vaquinha" que conseguiram fazer.

Meus olhos encheram-se de lágrimas. Ao ver os papéis coloridos das balas iluminados pelo sol, pareceu-me que brilhavam mais que pedras preciosas. As balas e chicletes eu saboreei, mas aquela caixinha virou um símbolo de amizade e vai me acompanhar para o resto da vida. Disso eu tenho certeza!

UM TESOURO ENTERRADO NO CAMPO

Você briga com seus irmãos, irmãs ou colegas?

Depois que a raiva passa você não fica com vontade de se aproximar da pessoa? Afinal, é preciso admitir: irmãos e amigos são indispensáveis.

As pessoas são como guardiões de tesouros, têm coisas maravilhosas dentro de si. Quando nos aproximamos com amizade e respeito, vemos o tesouro brilhar.

No Evangelho, o principal texto sagrado do Cristianismo, Jesus conta a parábola de alguém que foi cultivar um campo e achou um tesouro enterrado. Então vendeu tudo o que possuía e comprou aquele campo.

Sugerir que a turma passe o texto *A surpresa do meu aniversário* para o gênero teatral:

- imaginar cenários;
- desenvolver mais as falas;
- acrescentar música ou efeitos sonoros às cenas (rádio ligado pela manhã no barraco, entre outros).

Organizar grupos que desenvolvam as tarefas acima e outras que a turma tenha sugerido.

Após a apresentação da peça, dialogar a respeito da experiência de preparação, levando em conta os relacionamentos, a participação, a oportunidade de todos, as dificuldades, os sentimentos e as reações que surgiram, o que cada aluno aprendeu para repetir ou evitar na próxima vez.

Por fim, conversar acerca da amizade e das atitudes de pessoas que marcaram positivamente a vida de cada um. Para isso, desenvolver o item *Atividade*.

ATIVIDADE

Não economize seus talentos para imaginar, escrever, ensaiar e apresentar-se. Chame algumas pessoas, monte um grupo e veja sua sala de aula virar um autêntico teatro.

Depois, apresente para a turma a pessoa que marca sua vida com os valores da amizade e fale das qualidades e atitudes dessa pessoa que podem ser comparadas a joias de grande valor.

PARA CASA

Nos próximos dias, deixe de comprar alguma coisa para si ou de comer algo de seu gosto e traga alguma guloseima para compartilhar com a turma.

GRANDELANCE

Você pode organizar um caderno com músicas de sua preferência que falem das qualidades, valores e talentos das pessoas e, principalmente, da amizade.

3.4. O tesouro compartilhado multiplica-se

OBJETIVO

Descobrir que o sentimento despertado pela partilha é uma das experiências que mais aproxima as pessoas do sagrado.

Exercitar a capacidade de superar o individualismo e de renunciar a alguma coisa em benefício do grupo.

MATERIAL

As coisas que foram trazidas para compartilhar.

Toda vez que uma pessoa se fecha no egoísmo ela sofre, e pode sofrer muito. Veja esta espécie de anedota da sabedoria popular do Oriente Médio.

O AVARENTO QUE APANHOU TRÊS VEZES

Conta a tradição oral muçulmana que Moarrid era mercador na cidade de Bagdá. Seu empregado Zazilah adoeceu e foi despedido do trabalho, sem nenhuma ajuda.

O xeique da cidade soube que Moarrid havia sido injusto com Zazilah. Chamou o mercador e perguntou-lhe:

– Você abandonou na penúria um enfermo que durante anos trabalhou para enriquecer você?

– Sabe, nobre xeique, é que meu ouro está enterrado no deserto, em lugar desconhecido. Por isso eu não tenho como ajudar Zazilah.

– E não pensou ao menos em mandar-lhe mantimentos?

– Bem, na verdade não... Eu não havia pensado.

– Então... Não gostaria de fazer isso?

– Claro! Hoje mesmo levarei mantimentos para a família de meu empregado.

Contrariado, o avarento Moarrid foi ao mercado pechinchar. Achou uma liquidação de carnes já com prazo de validade quase vencido e a levou até a casa de Zazilah. Mas a família não possuía geladeira, a carne deteriorou-se e ninguém pôde aproveitá-la.

O xeique da cidade ficou sabendo, chamou Moarrid e disse:

– Já que você foi generoso com seu empregado, terá chance de mostrar sua honra a todo o povo. Pode escolher uma das três tarefas, mas se não chegar ao fim de uma delas deverá ctumprir outra: comer a carne que você levou a Zazilah; receber cem chibatadas do carrasco da cidade ou pagar mil dinares (moeda árabe da época) ao enfermo.

Moarrid era covarde e avarento e escolheu a primeira tarefa. Depois de ter comido quase toda a carne estragada, quando faltava só um pedacinho, não aguentou mais e gritou:

– Desisto da primeira tarefa. Não consigo comer mais um grama dessa carne horrorosa. Escolho a segunda tarefa.

O carrasco da prisão começou a aplicar-lhe as chibatadas. Quando já havia apanhado noventa vezes, e só faltavam dez, Moarrid berrou ao xeique:

– Não aguento mais. Desisto dessa tarefa e escolho a terceira.

Assim, o avarento cumpriu os três castigos por sua injustiça, e o pobre Zazilah pôde fazer um tratamento médico com os dinares que recebeu. Mas não voltou a trabalhar para Moarrid, porque uma pessoa egoísta como ele não merecia.

ISLAMISMO, O DOM DE COMPARTILHAR

O Alcorão é o livro sagrado do Islamismo. Pode-se chamá-lo de mapa da trilha islâmica que leva até o tesouro da felicidade e do encontro com o sagrado. Algumas das indicações principais que o Alcorão sinaliza na trilha são a partilha dos bens com os necessitados, a fraternidade, a superação do egoísmo, da ganância, do individualismo, da indiferença com quem sofre e a capacidade de renunciar em favor dos que menos possuem.

O mês do Hamadã é o tempo em que os adultos de boa saúde jejuam, isto é, passam horas sem provar qualquer alimento ou bebida. Fazem isso, para que experimentem o quanto é doloroso passar fome e compreendam a importância de compartilhar. Durante o Hamadã as famílias muçulmanas reservam uma quantidade maior de víveres e os repartem com os necessitados.

Após a leitura dos textos *O avarento que apanhou três vezes* e *Islamismo, o dom de compartilhar*, convide a turma a narrar o que sabe sobre projetos sociais e ações solidárias ligadas ou não a instituições religiosas.

Lance a seguir as questões:

- A partilha verdadeira e duradoura na sociedade em que vivemos requer a solidariedade ou a justiça?
- Qual a diferença entre esses dois importantes valores humanos (a solidariedade socorre as vítimas da exclusão social e a justiça transforma as estruturas e situações que excluem o acesso de todos aos bens e à sobrevivência)?

Pedir aos estudantes que narrem a forma como suas respectivas tradições religiosas praticam a partilha, a solidariedade e a justiça.

A seguir, desenvolver as sugestões do item *Atividade*.

ATIVIDADE

Você já se sentiu muito alegre após ter conseguido cumprir uma tarefa difícil?

Já ouviu alguém falar sobre "a alegria de compartilhar"?

Compartilhar não é fácil, porque é preciso pensar mais nos outros do que em nós mesmos. Mas, depois, uma alegria misteriosa invade o coração. Você duvida? Então experimente. Vamos agora compartilhar o que trouxemos.

Dialogar:

- O que deixei de guardar para mim, a fim de poder trazer para compartilhar?
- O que sinto ao ver os colegas se servirem daquilo que eu trouxe?
- Qual minha sensação ao saborear uma coisa que foi compartilhada por um colega?
- Como seria o mundo se todos compartilhassem mais?

PARA CASA

Durante os próximos dias, selecione uma de suas músicas favoritas e leve para a próxima aula a gravação e a letra.

GRANDELANCE

Você pode participar das campanhas de solidariedade que se fazem na cidade em benefício de pessoas necessitadas.

3.5. Celebrando a experiência do sagrado

OBJETIVO

Compreender que a música e a dança fazem parte dos ritos religiosos e expressam o sagrado.

MATERIAL

Equipamento de som e músicas populares selecionadas pelos alunos e alunas.

Você gosta de cantar e dançar? Sabia que a música, o canto e a dança têm muito a ver com a experiência do sagrado?

CANTO E DANÇA, A COMUNICAÇÃO SAGRADA

Nas tradições religiosas orais, a dança acompanhada de cantilenas e ritmos de instrumentos é uma forma de comunicação com os espíritos e os deuses, e um dos seus primeiros objetivos é a cura dos enfermos.

Dança folclórica Saga, Japão.

Algumas danças folclóricas de vários países têm origem na Pré-História antiquíssima, quando as pessoas tentavam imitar os passos e movimentos dos animais que acreditavam serem espíritos protetores.

Os índios Kemirai, da Austrália, dançam aos saltos como cangurus. As tribos da Costa do Marfim, na

A festa de São Benedito faz parte da religiosidade popular brasileira e é celebrada por todo o país. Em cada região há danças e cantos próprios, sempre com muitos instrumentos de percussão.

África, dançam fantasiadas de macacos e escalam árvores durante a dança. No folclore da Turquia os dançarinos usam peles de camelo e imitam os passos do animal. Já certas danças do Japão lembram ursos, cervos e galos. Os índios Pueblos, norte-americanos, realizam uma dança em honra do búfalo, com dezenas de ritmos diferentes.

Festa folclórica na Bolívia.

As danças sagradas individuais e coletivas são acompanhadas de instrumentos de percussão e cantilenas que marcam o ritmo dos passos.

A HERANÇA BEM CONSERVADA

Na fronteira da Sibéria com a Mongólia, no meio da neve, vive o povo de Tuva.

O canto e a música são os maiores tesouros que os tuvanos receberam dos antepassados, porque cada pessoa, com seu timbre de voz, tem uma linguagem exclusiva para conversar com toda a natureza e ser entendida pelo vento, pelas árvores e pela neve que cai.

"As minhas canções falam de minha terra natal, das altas montanhas e dos rios que nelas correm. Quando canto, eu tento recriar o som da água nas cachoeiras, a voz dos pássaros e o murmúrio do vento nos abetos da floresta", disse Gennadi Chash, um jovem cantor tuvano.

Os instrumentos musicais e os gestos que acompanham os cantos são cuidadosamente preservados pelo povo tuvano há milhares de anos. O professor de música americano Ted Levin foi conhecer Tuva e, impressionado com o que viu, afirmou: "O canto de Tuva é uma meditação sobre um lugar e sobre os espíritos e os antepassados que o habitaram".

Blumenfeld, Larry. *Vozes de mundos esquecidos*. New York: Ellipsis Arts, 1995. pp. 14-15. Tradução de Mário Alves e Rui Mota.

Depois da leitura dos textos *Canto e dança, a comunicação sagrada* e *A herança bem conservada*, pedir aos estudantes que lembrem do que sabem a respeito de cantos e ritos de danças indígenas, afro-brasileiras e também cânticos ou mantras das igrejas ou outras tradições religiosas que conheçam.

A seguir, desenvolver a sugestão do item *Atividade*.

ATIVIDADE

Em grupo, você pode apresentar sua música favorita, ouvir as preferidas dos colegas e procurar nas letras algum sinal de referência ao sagrado, aos valores da convivência humana ou de um significado mais amplo e mais profundo para a vida.

Pode fazer uma lista dos sinais do sagrado encontrados e escrever um texto semelhante ao depoimento do jovem tuvano, *A herança bem conservada*. O texto do grupo deve focalizar o que os jovens brasileiros cantam e o que as músicas representam.

Por fim, seu grupo vai apresentar o texto para a turma. Depois pode passá-lo para o gênero musical, poema, jogral ou outro que preferir.

PARA CASA

Converse com os familiares sobre o motivo pelo qual escolheram o seu nome.

GRANDELANCE

Você pode pesquisar sobre as danças rituais das várias tradições religiosas.

UNIDADE 4

Guardiões da palavra sagrada

Objetivo Constatar que o mistério transcendente revela-se por meio da experiência e da comunicação humana.

4.1. Temos direito de guardar o tesouro

OBJETIVO

Compreender que o ser transcendente, a quem as tradições religiosas chamam Deus, recebe nomes diversos nas várias culturas.

MATERIAL

Resultado do diálogo com os familiares sobre o motivo e o significado do próprio nome.

Conhecer a pessoa pelo nome é permitir que ela faça parte de nossa vida.

Imagine que coisa incrível: o ser humano tem capacidade de dar nomes até a Deus!

O NOME REVELA O AMOR

Meu nome é Letícia. Significa alegria.

Minha melhor amiga chama-se Ceres. O pai dela é engenheiro agrônomo e, quando ela nasceu, ele a tomou nos braços, contemplou-a por longo tempo e viu que era linda como uma pequenina deusa. Deu a ela então o nome da deusa grega dos campos.

Tenho um primo chamado Teodoro. Confesso que achava o nome dele estranho, mas minha tia um dia me explicou: "Sabe o que significa Teodoro? Presente de Deus". E me contou um segredo: quando ela chegou do laboratório com o teste positivo e revelou ao pai de Teodoro que estava grávida, ele disse: "É um presente de Deus para nós".

Nem sempre o nome da pessoa tem um significado como esses, mas sempre tem um motivo. Se sua mãe disser simplesmente: "achei bonito", você já pode ver que ela escolheu para você o melhor nome que conhecia. Isso é amor ou não é?

ACOLHENDO O SAGRADO NO CORAÇÃO

Senhoras carregam água para a cerimônia da lavagem da escadaria da Igreja de Nosso Senhor do Bonfim, em Salvador (BA). Para os adeptos do candomblé, Nosso Senhor do Bonfim representa Oxalá, o orixá maior dessa tradição religiosa.

O nome traduz acolhida. Identifica a criança como filha de pessoas que a aceitam e se comprometem em cuidar dela. É a primeira prova de amor que o ser humano recebe ao nascer.

As tradições religiosas têm cerimônias que dão significados sagrados ao nome da pessoa, seja ela criança ou adulta. O mesmo é feito em relação a Deus. Cada tradição religiosa escolheu para ele o nome mais significativo que encontrou em sua linguagem e cultura. Por isso a humanidade o invoca com muitos nomes diferentes.

Os nomes de Deus aparecem nos textos escritos e nas preces. Também as tradições religiosas orais, que cultuam os espíritos e as divindades da natureza, reservam um título especial para o Criador.

Dar início à aula pedindo aos alunos que apresentem os motivos e significados de seus nomes.

A seguir, ler os textos *O nome revela o amor* e *Acolhendo o sagrado no coração.*

Após a leitura dos textos e comentários relacionados, esclarecer o significado do termo "Deus" – ser transcendente e invisível, em contraposição ao ser humano, imanente e visível. O conceito de Deus é universal, mas se especifica na cosmovisão de cada cultura e recebe identificações precisas nas teologias das tradições religiosas, sejam elas orais, sejam escritas. A existência de Deus é objeto da fé de cada tradição religiosa, enquanto a tentativa de compreendê-lo e de comunicar-se com ele pertence ao âmbito das culturas.

Sugerir uma pesquisa sobre os nomes dos deuses nas diferentes tradições religiosas. A turma, organizada em grupos, pode pesquisar:

- as civilizações antigas;
- os livros sagrados das tradições religiosas atuais;

- as religiões tradicionais de várias partes do mundo que conservam suas teologias por meio da oralidade;
- as variantes entre as crenças das tradições afro-brasileiras;
- as variantes entre as tribos indígenas do Brasil;
- outros assuntos relacionados ao tema.

ATIVIDADE

Você pode revelar para a turma o motivo e o significado de seu nome, conforme seus familiares lhe contaram. Não se esqueça de escutar com interesse e respeito a apresentação dos colegas.

PARA CASA

Você topa fazer uma pesquisa inteligente e fascinante? Então descubra o maior número possível de nomes que a humanidade deu a Deus, em todos os tempos e culturas.

GRANDELANCE

Você pode pesquisar os significados dos nomes dos seus colegas da turma e verificar quais deles têm origem religiosa.

4.2. Precisamos de guias no caminho

OBJETIVO

Compreender que as tradições religiosas escritas nasceram da iniciativa das pessoas de registrar a experiência do sagrado.

Você já leu algum poema? Percebeu o quanto os poetas são sensíveis à simplicidade e à beleza que formam o meio ambiente? As mais belas preces de todas as tradições religiosas surgiram da contemplação do sagrado na natureza.

Veja esta prece da tribo Sioux do Canadá:

Ó GRANDE ESPÍRITO!

Ó Grande Espírito,
tua voz eu escuto
no soprar dos ventos,
tua vida eu sinto
no universo imenso.

Meninas da tribo Sioux.

Peço-te,
que meus olhos não cessem de contemplar
o rastro vermelho do pôr do sol.
Que minhas mãos tratem com dignidade
tudo o que criaste
e meus ouvidos atendam aos sons da tua voz.
Dá-me sabedoria para compreender
o que ensinas ao meu povo
e a verdade que escondes nas folhas
e nas cavidades das pedras.
Com mãos puras e olhar sincero,
minha vida se apague na tua presença,
como o sol ao se pôr entre as montanhas.

Ricciardi, M. L. (org.). *O pescador de pérolas*. São Paulo: Paulinas, 1988. p. 22.

Promover modos diversos para a leitura da prece do povo Sioux.

Depois, pedir aos alunos que a leiam silenciosamente e copiem a frase que consideram mais importante.

Oraganizar grupos entre os que escolheram a mesma frase e pedir que revelem os motivos que os levaram a considerá-la a mais importante. Depois, sugerir que eles elaborem esses motivos sob a forma de uma nova prece, de uma música ou um poema.

Deixar que os grupos apresentem para a turma os resultados do trabalho e, após as apresentações, pedir que lembrem de cânticos, poemas, salmos, mantras e outras formas de prece das tradições religiosas e dos textos sagrados que conhecem.

ATIVIDADE

Depois de ter selecionado a sua frase preferida na prece do povo Sioux, você pode conversar com os outros colegas, que fizeram o mesmo.

Revele ao grupo os motivos de sua escolha e escute o que os outros têm a dizer. A seguir você pode ajudar a reunir o que foi dito no grupo e elaborar uma nova prece, uma música ou um poema.

Por fim é só mostrar seu talento e apresentar o resultado à turma.

PARA CASA

Proponha um momento de diálogo familiar e imagine, se Deus viesse nos visitar:

- Que aparência ele teria?
- Como deve ser recebido?
- O que mudaria na família depois desta visita?

GRANDELANCE

Você pode criar um caderno de poemas e músicas sagradas de sua preferência. Mas não vale escolher textos de uma única tradição religiosa!

4.3. Guardiões dos mistérios sagrados

OBJETIVO

Compreender que a intuição da existência do transcendente e a confiança no testemunho das gerações passadas são capacidades e direitos do ser humano. Por isso as tradições religiosas elaboram suas teologias fundamentadas na fé.

As tradições religiosas procuram elaborar com palavras a crença em Deus. Assim nasce a *Teologia*, palavra de origem grega que significa "falar a respeito de Deus". As teologias de todas as religiões são fundamentadas na fé. Creem e aceitam que Deus é um mistério transcendente, isto é, muito maior do que o alcance da compreensão humana. Mesmo assim, os textos sagrados escritos e orais expressam a fé da forma como é possível em palavras humanas. Veja alguns exemplos.

ADON HOLAM (SENHOR ETERNO)

Criador do mundo, rei supremo,
seu reino precedeu à criação.
Quando tudo foi criado, segundo a sua vontade,
toda a criação o proclamou soberano.

E mesmo quando tudo deixar de existir,
ele reinará em sua majestade.
Ele foi, ele é e ele será
eternamente glorioso.

Ele é único e incomparável.
Sua glória é infinita.
Não tem começo nem fim.
O poder e a magnificência lhe pertencem.

O Eterno é meu redentor.
Minha proteção nos dias de angústia.
Ele é meu estandarte e refúgio,
minha única salvação quando o invoco.

Confirmação da fé rezada todas as manhãs pelos seguidores do judaísmo. In: *Sidur*, livro de preces.

A oração pode assumir diversas formas e dimensões. A festa, a dança e as oferendas também fazem parte da oração comunitária.

NZAMBI (DOADOR DA VIDA)

Nzambi não é homem nem mulher.
Não é antepassado nem espírito das águas,
nem animal nem céu nem terra,
nem outra coisa que se possa ver.
Nzambi é separado de tudo, mas é vivo.
Atua como soberano independente
e dirige as pessoas e as coisas de perto,
com total confiança.

Explicação de um ancião africano bantu sobre o Deus único, ao pesquisador português Raul de Altuna, autor do livro *Cultura tradicional Bantu*, Paulinas, Lisboa, 2008.

ALLÁ (DEUS ÚNICO E INDIVISÍVEL)

Em nome de Deus, o Beneficente, o Misericordioso,
dizei: "Ele é Deus, o único".
Deus é o Eterno.
Não gerou nem foi gerado.
E não há ninguém igual a Ele.

(Fé islâmica, Sura da unicidade. *Alcorão*, Sura 112)

Promover a leitura das declarações de fé das tradições religiosas judaica, africana e islâmica.

Pedir aos alunos que recordem outras declarações de fé de tradições religiosas que conhecem e observar semelhanças entre elas.

Lançar a primeira pergunta sugerida no item *Atividade*.

Finalizada a reflexão da turma, organizar grupos em número par. Metade dos grupos irá refletir e procurar argumentos que justifiquem a frase: "Se Deus fosse esquecido e a cultura religiosa desaparecesse, o mundo seria melhor". A outra parte deve defender a tese contrária: "Se Deus fosse esquecido e a cultura religiosa desaparecesse, o mundo seria pior".

Para o debate, organizar a turma em dois grupos maiores e escrever no quadro os argumentos de defesa das respectivas teses.

Por fim, elaborar as conclusões.

ATIVIDADE

Após ter percebido que as declarações de fé das tradições religiosas têm muitas semelhanças, imagine que sua turma iria compor um livro com declarações de todos os povos e culturas a respeito de Deus.

Em sua opinião, qual seria o título adequado para este livro?

Depois você pode refletir com seu grupo e argumentar em defesa de uma destas teses:

- "Se Deus fosse esquecido e a cultura religiosa desaparecesse, o mundo seria melhor."
- "Se Deus fosse esquecido e a cultura religiosa desaparecesse, o mundo seria pior."

Por fim, você pode participar do debate e defender a tese de seu grupo.

Não se esqueça de tirar conclusões que façam sentido para a sociedade e até para sua própria vida.

Avaliação periódica

Recordar como foram feitas as avaliações, tanto nos anos anteriores como durante este ano.

Escolher a forma de avaliação mais adequada e que mais ajude a expressar o conhecimento adquirido e as vivências significativas.

AVALIAR

- a participação de cada aluno;
- as atitudes que cada um conseguiu viver;
- as sugestões deste livro, se foram válidas ou não, se foram complicadas ou não;
- quais as atitudes concretas que a turma conseguiu assumir;
- quais as atividades que mais agradaram e que podem continuar no próximo ano;
- quais as atividades que não funcionaram e por quê;
- se houve momentos de desinteresse geral, desordem, confusão;
- quais os motivos das desordens;
- como cada um se sentiu na turma;
- como a turma sentiu a presença do educador;
- quais as sugestões novas para o próximo ano.

Os resultados da avaliação podem ser escritos, e as sugestões ou resoluções para o próximo ano, guardadas para serem levadas em consideração oportunamente.

SÍNTESE DO ANO

Conversar:

- O que me lembro de tudo o que conhecemos e dialogamos durante o ano?
- O que vai ficar para minha vida?
- Neste ano, adquiri alguma atitude nova?
- Como eu via a mim mesmo, a minha família, o mundo... no começo deste ano, e como vejo agora? Alguma coisa mudou?
- O conhecimento das tradições religiosas, do mundo e da vida, por meio das aulas de Ensino Religioso deste ano, ajudou-me a pensar no que poderei fazer no futuro em benefício da vida?
- A partir do que dialogamos, como poderíamos sintetizar a experiência deste ano?
- Quais as nossas esperanças e expectativas para o ano que vem?

Caso não seja possível, não é preciso conversar sobre todas as sugestões acima. Podem ser escolhidas algumas que a classe considere mais importantes.

Glossário

Antepassados – pessoas que viveram antes de nós, espírito dos mortos que são venerados por suas famílias. Os descendentes creem que os espíritos dos antepassados, que vivem no mundo transcendente, podem protegê-los, ajudá-los e guiá-los.

Arquétipo – primeiros tipos ou primeiras formas; na Filosofia, esse termo é empregado para designar as ideias como modelos de todas as coisas existentes; na Psicologia Analítica, é usado por Jung para se referir às imagens psíquicas do inconsciente coletivo, ou seja, aos símbolos, imagens, ideias que estão presentes em todas as culturas e tradições religiosas, como patrimônio comum da humanidade. O paraíso perdido, o dragão, o caminho, são exemplos de arquétipos.

Banquetes rituais – ritos de várias tradições religiosas nos quais as pessoas compartilham entre si os alimentos que foram ofertados aos deuses, aos espíritos ou aos orixás. É uma forma de simbolizar a comunhão com o mundo transcendente.

Budismo – doutrina e prática da tradição religiosa fundada por Siddharta Gautama, um príncipe indiano que, ao chegar ao estado de iluminação e compreensão da vida humana e do transcendente, passou a ser chamado Buda, que significa "iluminado".

Cantilena – cantiga de melodia simples, cantada a meia voz, que repete sempre as mesmas palavras. Marca uma cadência que pode ser acompanhada por ritmos de percussão. As cantilenas dos xamãs, em geral, repetem palavras mágicas de significado secreto.

Cristianismo – doutrina e prática das Igrejas Cristãs que se originaram da vida, pregação, morte e ressurreição de Jesus Cristo, conforme as narrativas no Segundo Testamento (parte da Bíblia que fundamenta o Cristianismo).

Dia de finados – dia em que a Igreja Católica recorda as pessoas que faleceram e reza por elas com mais intensidade. Nesse dia, as pessoas costumam visitar os cemitérios, acender velas e colocar flores nos túmulos, demonstrando acreditar que seus entes queridos continuam vivos no mundo transcendente.

Dignidade – palavra normalmente usada quando a pessoa possui um cargo ou título. Mas todo ser humano tem dignidade e merece respeito, pelo simples fato de existir.

Divindade – ser de origem divina que está abaixo do deus supremo, mas acima dos espíritos dos antepassados e dos mortais. A maioria das tradições religiosas escritas e orais crê em muitas divindades. Nas tradições de origem africana, por exemplo, são os orixás.

Escritos sagrados – rolos, livros, inscrições em pedras, em templos etc., que contêm doutrina, sabedoria e ética das tradições religiosas escritas. Alguns foram escritos pelos fundadores das respectivas tradições ou por seus discípulos; outros são de autoria desconhecida, pois sua origem perde-se no tempo.

Espíritos – algumas tradições religiosas, do passado e de hoje, creem nos espíritos dos antepassados, que continuam vivos e podem comunicar-se com os descendentes por meio dos sonhos; outras creem também nos espíritos totêmicos, isto é, em determinados animais, vegetais ou objetos que protegem a tribo ou o indivíduo.

Harmonia interior – estado de tranquilidade, paz e certa concentração constante, que permite que a pessoa enfrente as dificuldades do dia a dia sem se desequilibrar, irritar-se intensamente, sofrer angústia ou magoar e agredir as pessoas com quem convive.

Hinduísmo – tradição religiosa da Índia, originada nos escritos sagrados Vedas. Professa a existência de Brahma, deus supremo e criador, e de várias divindades menores. Com o passar dos séculos, o Hinduísmo foi recebendo novas interpretações e formaram-se várias outras tradições, com alguns pontos divergentes entre si, mas essencialmente semelhantes, como, por exemplo, o Jainismo e o Budismo.

Homo sapiens – expressão latina que significa "homem inteligente" e indica os seres humanos que viveram no último período antes da invenção da escrita, há cerca de 6.000 anos, e deram origem aos nossos antepassados e a nós. Por isso nós também somos definidos como *Homo sapiens.*

Imortalidade – crença de que os deuses e espíritos não sofrem as consequências da morte e que os seres humanos também, ao passarem pela morte, entram no mundo da imortalidade, como se a morte fosse uma porta de passagem.

Infinito – algo que não tem fim nem limite.

Instinto – tipo de programação genética que o animal recebe de sua espécie para comportar-se de determinada maneira, sem para isso precisar de aprendizado. Também o ser humano tem algumas atitudes instintivas, como, por exemplo, a criancinha que logo após o nascimento começa a mamar, movida pelo instinto de sobrevivência.

Islamismo – religião fundada pelo profeta Mohammad (Maomé), no início do século VII, na região da Arábia. A palavra *Islã*, em árabe, significa "submissão à vontade de Deus". Os seguidores dessa religião são chamados de muçulmanos ou islamitas. Allah é a tradução da palavra "Deus" na língua árabe.

Jainismo – tradição hinduísta que questiona alguns pontos da doutrina dos Vedas, como, por exemplo, o sentido religioso do sistema de castas da sociedade indiana. O Jainismo prega a igualdade de todos os seres humanos e a dignidade de todos os seres vivos, que têm direito de serem respeitados e preservados.

Megálitos – grandes pedras que até hoje permanecem onde foram colocadas há milhares de anos, para marcar lugares sagrados, como túmulos ou locais onde se fazia o ritual religioso.

Mistério – algo secreto, desconhecido ou reservado, que não pode ser revelado ou que não está ao alcance da inteligência humana, ou, ainda, que é reservado ao conhecimento de poucos, como, por exemplo, as tradições religiosas de mistério da Antiguidade grega e romana.

Mitologia – conhecimento dos mitos, que são histórias fantásticas cujos personagens são deuses, espíritos, elementos da natureza e seres humanos. Os mitos são uma linguagem simbólica que tenta responder as mais importantes perguntas humanas: a origem da vida e das coisas, o sentido e o destino da vida, o sentido da morte e do sofrimento e o que existe após a morte.

Orixás – entidades das tradições religiosas e afro-brasileiras, popularmente conhecidos como deuses menores que guiam e protegem a vida humana. Na mitologia do povo Iorubá, os orixás são divindades criadas por Olorum – o Deus supremo dos iorubás. Em algumas tradições eles representam ou personificam as forças e os elementos da natureza: água, fogo, trovão, raio, árvores, matas etc.

Pergaminho – material antigo de escrita originado da cidade de Pérgamo. Era feito de couro de animal curtido e preparado para esta finalidade.

Primordial – alguma coisa que remonta ao princípio, à origem. No caso das tradições religiosas, são as primeiras experiências humanas de transcendência e seus símbolos e manifestações.

Religiões mistéricas – crenças e ritos que existiam nas várias regiões do Império Romano, no começo da Era Comum (Era Cristã). Eram ligados a antigos mitos gregos e crenças das tribos e povos que viviam no território do Império.

Religiões tradicionais africanas – tradições religiosas dos povos da África, em geral voltadas para o culto dos ancestrais. As tradições religiosas chamadas afrodescendentes são as tradições sagradas que foram trazidas pelos africanos para o Brasil durante o período do tráfico de pessoas escravizadas. Depois, as gerações seguintes as mantiveram com respeito e fidelidade, e elas sobrevivem até hoje.

Sagrado – local, objeto ou linguagem reservado para a comunicação com o transcendente ou a ele dedicado.

Segundo Testamento – mais conhecido como Novo Testamento, é a segunda parte da Bíblia, que se refere a Jesus Cristo e ao começo do Cristianismo.

Símbolo – algo que representa e faz lembrar outra coisa, como por exemplo: um coração faz lembrar o amor, a água faz lembrar a possibilidade de vida de todos os seres, e assim muitas outras coisas. Os símbolos religiosos representam as crenças e os ensinamentos de cada tradição religiosa, como a luz, que lembra a existência e a presença de Deus, ou o círculo, que lembra a imortalidade.

Solstício – no hemisfério Sul, o solstício de inverno ocorre em 23 de junho e o de verão em 23 de dezembro, datas em que a posição da Terra em relação ao Sol marca a mudança das estações. No hemisfério Norte as datas são contrárias, sendo que as festas de colheita eram feitas em junho, no solstício de verão.

Tradição oral – crenças e ensinamentos de um povo que são transmitidas de uma geração para outra por meio de mitos, histórias, sagas e lendas, e formam a cultura e a identidade daquele povo. Em geral, têm um conteúdo religioso.

Tradições religiosas indígenas pré-colombianas – tradições religiosas das nações indígenas, do Brasil ou de outros países da América Latina, já existentes antes da chegada de Colombo a este continente.

Tradições religiosas tribais ágrafas – de *a* ("sem") + *grafós* ("escrita"). Conjunto de tradição, costumes e ritos dos povos que não possuem escritos sagrados e mantêm sua identidade pela tradição oral. São as formas antigas de tradição religiosa, mas existem até hoje em muitas regiões do mundo.

Transcendência – é o fato de transcender, de ser transcendente. Por exemplo: Deus é transcendente em relação ao ser humano e ao mundo, não está limitado pelo espaço nem pelo tempo. Natureza dos seres transcendentes (Deus, divindades), ou capacidade de transcender e de comunicar-se com o Transcendente.

Transcendente – algo que transcende, isto é, está além das realidades deste mundo. A palavra "transcendente", de modo geral, é usada somente em relação ao mundo dos mistérios das crenças religiosas, isto é, à existência de seres e realidades que as capacidades humanas não conseguem apreender, mas o conseguirão quando forem libertadas de seus limites, após a morte.

Vida histórica – é a vida de cada indivíduo antes da morte, dentro do tempo e da história. As tradições religiosas creem e ensinam que após a morte a pessoa vive em uma dimensão fora do tempo histórico.

Xamã – pessoas consagradas aos ritos de comunicação com o transcendente, nas tradições religiosas orais.

Zoroastrismo – doutrina e prática da tradição religiosa de Zoroastro, ou Zaratustra, um médico persa que viveu no século VI a.C., e ensinou que o mundo e a vida humana são uma luta entre o bem e o mal. Se o ser humano se deixar conduzir pelo bem, terá a ressurreição e a eternidade feliz. Caso contrário, será condenado ao sofrimento para sempre. O Zoroastrismo hoje é muito pouco representado. Sua terra de origem, a Pérsia, hoje Irã, converteu-se ao Islamismo.

Sumário